눈물 대신 라면

밥상 앞에선 오늘의 슬픔을 잊을 수 있지

눈물 대신 라면

원도 지음

프롤로그

밥상 앞에선 오늘의 슬픔을 잊을 수 있으니까

"뭐 먹고살지?"

제대로 된 고민을 할 수 있는 나이가 됐을 때부터 스스로에게 가장 많이 던진 질문이다. 아이러니하게도 이 질문은 취업을 한 후에 더 자주 하게 됐다. 심지어 일반적인 회사가 아닌 '철밥통'이라 불리는 공무원이 됐는데도
말이다.

물론 주변 친구들도 마찬가지였다. 직업인이 된 친구들을 만나도, 우리의 술안주는 늘 먹고살 걱정이었다. 젓가락을 쉬지 않고 움직이며 끊임없이 삼겹살을 구우면서도, 그러니까 먹으면서도 늘 먹고살 걱정을 했다. 지난 해, 8년간의 경찰 생활을 마무리하고 전업 작가가 됐다. 공무원은 정년이 보장되지만 이직은 하기 어려운 분위기인지라, 경찰관을 그만두었다고 하면 그 생활이 지긋지긋해서 때려 치웠다는 뜻으로 받아들이는 이가 많았다.

하지만 딱히 그런 것은 아니었다. 나는 지금도 옷장 한편에 걸려 있는 제복을 보면 가슴이 두근거리고, 왠지 파랑색과 흰색이 섞인 물건을 보면 갖고 싶어지는 '경찰 덕후'에 가깝다. 끝내 경험해 보지 못한 부서에 대한 아쉬움도 있고, 미처 달아보지 못한 계급장도 탐이 났지만, 글 쓰는 데 집중하고 싶어 내린 결정이었다.

50대 50의 팽팽한 마음에서, 어느 순간 운명처럼 51대 49로 마음이 쏠린 것이다.

그 즈음 '음식'에 대한 글쓰기를 제안받은 것은 거부할 수 없는 운명처럼 느껴졌다.

○

나는 친구들 사이에서 유명한 한식파다. 해외여행을 가도, 한식 없이 버틸 수 있는 기간은 최대 3일이다. 타지 음식을 못 먹는 건 아니지만, 점점 기운이 빠지고 체력이 떨어지니 여행을 함께하는 친구들은 어쩔 수 없이 나를 한식당으로 데려가기도 했다.

이상한 일이다. 한식이든, 외국 음식이든 영양소 구성에는 별 차이가 없을 텐데, 왜 나는 한식을 챙겨먹지 않으면 제대로 먹었다는 생각이 들지 않는 걸까. 오로지 심리적 요인에 기인하는 이 현상은 여전히 설명되지 않는다.

자취를 시작하면서부터는 '먹고'사는 일에 더욱 집중하게 됐다. 스스로 끼니를 해결하는 처지에 놓이니, 먹는 일이 퍽퍽한 하루에 얼마나 달뜬 즐거움을 선사하는지 절실히 느꼈다.

그리고 한식이 얼마나 많은 정성과 수고로움을 요하는지도 알았다. 봉골레 파스타보다 칼국수 한 그릇을 맛있게 끓이는 게, 나에게는 비교도 안 되게 어려운 일이었다. 그런데도 칼국수보다 파스타 가격이 훨씬 비싸다는 게 이해되지 않을 정도다. 한 요리 프로그램의 심사위원을 맡았던 노희영 대표가 '한식이 상당히 저평가되어 있다'고 했었는데, 이 말에 공감하지 않을 수가 없다.

○

앞서 경찰관에서 전업 작가로 이직을 했다고 밝혔지만, 내가 생각하는 '전업 작가'란 온전히 글을 써서 버는 수입으로 생활이 가능한 사람이다. 그 때문에 나는 아직 대외적으로 직업을 '작가'라고 소개하는 데 쑥스러움을 느낀다. 회사를 다니기 전보다 글 쓸 시간이 많아졌을 뿐, 여전히 서울살이에 드는 비용을 충당하기 위해 여러 일을 병행하기 때문이다.

그럼에도 불구하고 이전과 가장 크게 달라진 점이 있다면, 이제는 더 이상 뭘 먹고살아야 할지 고민하지 않는다는 것이다. 그 질문은 이제 '뭘 써보지?'라는 질문으로 대체됐다.

오늘은 무슨 글을 쓸까?

공모전에 이 주제를 내보면 어떨까?

그 장면에서 대사는 어떻게 바꿔보지?

지금 이 에피소드도 원고에 녹여볼 수 있겠는데?

…

스스로 답을 찾아야만 하는 어려운

숙제이지만, 오히려 머릿속은 명쾌하다.

이 책은 작가가 되겠다고 했을 때, 앞으로 '뭐 먹고살 거냐'고 진심으로 걱정해준 이들을 위한 내 나름의 답이기도 하다.

미래에 대한 불안 때문에, 돌이킬 수 없을 것만 같은 실패 때문에, 상처만 남은 것 같은 관계 때문에 울고 싶다면 일단 입을 크게 벌리고 맛있는 음식부터 한입 먹어보자. 내가 좋아하는 그 맛, 달콤하고, 짭쪼름하고, 매콤하고, 고소한 한입을 음미하다 보면 오늘의 걱정을 잠시라도 잊을 수 있을 테니까. 그리고 그 힘으로 우리는 오늘을 버티고 내일로 나아갈 수 있다.

차례

프롤로그
밥상 앞에선 오늘의 슬픔을 잊을 수 있으니까 … 4

미역국 미끄러진 그곳에서 다시 시작될지 모르니 … 12
김밥 잘 말아줘, 마음이 터지지 않게 … 24
짜장면 나만의 둥지를 찾아서 … 34
조개전골 껍데기가 모여 방패가 되어줄 때까지 … 46
라면 내 한계는 내가 정해 … 58
쌀밥 아픔마저 꼭꼭 씹어 삼키는 법 … 68
비빔밥 그릇은 최대한 큰 걸로 … 82
김치 주인공은 너였어 … 90
포장마차 우릴 구원하는 불빛을 향해 … 100

해장국 속 풀 일은 왜 이리 많은지	112
고속도로 휴게소 바퀴는 계속 굴러가야만 하고	122
치킨 네 멋대로 해라	134
공복 언제나 여기에 있어	144
삼겹살 침묵마저 반찬이 되고	154
달고나 부서질 걸 알면서도	164
불닭볶음면 나의 꿈도 불닭볶음면처럼!	172
샤부샤부 끓어라, 마지막 순간까지	184
마라탕 비로소 완벽한 조합	196

미역국

미끄러진
그곳에서
다시
시작될지
모르니

세계 최초로 미역을 채취한 곳도,
전 세계에서 미역을 가장 많이 먹는 곳도
한국이라고 한다.
미역 채취에 관한 최초의 기록이 무려
《삼국유사》에 실려 있다고 하니,
적어도 서기 157년부터
우리나라는 미역을 채취해 먹었다는 뜻이다.
심지어 산모가 미역을 먹는 문화는
8세기 당나라에서 발간된 서적에조차 기록됐다는데,
이 문화가 지금까지 이어졌다는 사실은 놀랍다.
출산한 여성을 위한 보양 음식인 미역국은
어쩌다 현대에 이르러 시험날 먹으면
미끄러진다는 속설을 낳게 됐을까.
조상들은 알았던 건지도 모른다.
실패는 곧 새로운 무언가의
탄생을 뜻하는 것임을.

초록색 국물이 맛있어 보일 수 있을까?
취향에 따라 다르겠지만, 나는 초록색 국물을
싫어한다. 녹차를 싫어해서 요즘 유행한다는
말차라테도 마신 적이 없고, 가끔 스테이크를
먹을 때 가니시로 제공되는 초록색 소스도 피하게
된다. 얼마나 피했는지 그 이름조차 기억나지
않는다(찾아보니 '크림 스피니치'라고 한다).

다슬기를 넣고 푹 끓인 다슬기국도 몸에
그렇게 좋다는데, 진한 초록색 국물을 보고
있노라면 한 숟갈도 뜨고 싶지 않아진다.
비슷하게 생긴 제첩국도 그저 찬밥 신세일 뿐.

이렇듯 다양하게 불호를 자랑하는 초록색 국물 음식 중 유일하게 먹는 게 바로 미역국이다. 심지어 유일하게 먹는 수준을 넘어 꽤나 좋아하기까지 한다.

    보통 미역국은 소고기 미역국과 조개 미역국으로 나뉘는데, 나는 후자를 선호한다. 애초에 미역은 해조류 아닌가. 해조류는 똑같이 바다에서 나는 어패류와 어울리지, 육고기와의 조합은 썩 어색하게 느껴진다.

    자고로 미역국이란 깔끔하고 시원한 맛이 미덕인데, 소고기가 들어가면 필연적으로 고기 기름이 국 위에 둥둥 떠다니게 되니 그 모양새도 그다지 내키지 않는다. 바다에서 나는 것들은 아무렴 출신이 같은 것끼리 요리하는 게 최고의 조합이 아닐까? 물론 나만의 생각이다.

    조개 미역국만 고집하는 이유 중 하나는 어지간해선 고기 요리를 잘 해주지 않았던 엄마 밑에서 자란 영향도 있을 것이다. 그래서 학교 급식 메뉴로 종종 소고기 미역국이 나올 때면 어린 시절에도 낯설어했던 기억이다.

    나는 미역보다 국물을 더 좋아하기에, 미역국을 먹을 때면 젓가락으로 미역부터 한가득 건져 먹은 다음 국물을 그릇째 들고 마신다. 밥맛이 없을 때 미역국 한 그릇만 있으면 밥을 말아서 크게 한 숟갈 뜬 후, 김치 한 조각 올려 먹는 게 별미였다. 미역에서 우러난 초록색 국물이 마치 게임 속에서 플레이어의 체력을 회복시켜주는 포션이나 되는 양, 한 그릇 마신 뒤에는 왠지 모를 생명력이 샘솟는 것 같기도 했다.

○

    학교 급식으로도 자주 먹고, 미역이 피를 맑게 해준다는 이유로 엄마가 자주 끓여주셨던 미역국은 나에게 철저히 집에서 먹는 음식이었다.

그러다 성인이 된 이후 부산을 여행하다가 미역국 전문 식당이 많은 걸 알고는 제법 충격을 받았다. '미역국을 돈을 받고 판다고? 그것도 한 그릇에 1만 원이 넘는 가격에?' 나중에 알고 보니 부산의 기장 미역은 품질이 좋기로 유명해서 과거엔 임금님 수라상에 오르기도 했단다.

호기심이 생긴 나는 대기 손님이 가장 많은 식당에 들어가 전복 미역국을 주문했다. 그러고는 한 그릇 먹어봤는데, 마치 보약을 먹은 것처럼 기운이 올라왔다. 몸이 뜨끈뜨끈해져 땀을 쭉 뺐던 기억 때문인지, 아직도 피곤하거나 입맛이 없거나 몸이 허할 때는 기장에서 먹은 미역국이 생각난다.

하지만 2년이 넘게 이어진 공무원 수험 기간에는 그 좋아하던 미역국을 먹지 못했다. 미역국을 먹으면 시험에 떨어진다는 속설 때문이었다. 피를 맑게 해준다는 미역은 언제 먹어도 좋다지만, 수험생에게만은 예외인 모양이었다. 아마 미끌미끌한 미역의 특성 때문에 시험에서 미끄러진다는 낭설이 생긴 것으로 추측된다. 혹은 시험을 망친 사람이 하필 전날 저녁에 먹은 미역국으로 화살을 돌리는 바람에 굳어진 도시 전설일지도 모른다.

그동안 먹은 미역국만 대충 어림잡아 계산해보아도 족히 500번은 넘을 텐데. 그때마다 미끄러졌다면 내 인생은 실패의 연속이었을 텐데. 과연 나에게 그 많은 실패가 존재했을까? 그전에 먼저 정의해야 할 게 남았다. 바로 '실패'가 무엇인가에 대한 정리다.

사람과 사회마다 실패의 정의는 다르겠지만, 나에게 실패란 '마음이 부서지는 일'이다. 그런 기준에서 본다면 내 인생은 실패의 연속이었다. 너무 어렸던 유년기를 지나 나름대로 사회생활을 시작했다고 볼 수 있는 중학교 때부터 거슬러본다면, 2학년 때 인생의 첫 실패를 맛본 것 같다.

○

　　당시 나는 지독한 짝사랑을 겪었는데 길게 대화 한 번 해보지 못하고 졸업한 뒤 지금까지도 그 친구에 대한 소식을 들은 적 없다. 물론 그 친구와 설령 관계에 진전이 있었더라도 나는 그 사랑을 실패한 짝사랑이라 정의했을 것이다. 2학년 내내 제대로 잠든 적이 없을 만큼 지독한 마음 앓이를 했으니까. 그리고 짝사랑의 역사는 대상만 바뀐 채 계속되다가 20대 중반이 되고서야 역사의 뒤안길로 사라졌으니, 제법 오래 실패의 역사를 견딘 셈이다.

　　연애뿐만이 아니다. 대입, 취업 준비를 위한 수험 생활…. 내 인생은 크고 작게나마 마음이 부서지는 일의 연속이었다. 태어나던 순간마저도 나는 가장 사랑하는 존재의 몸과 마음을 부수었는지 모른다.

　　엄마는 나를 낳은 지 30년이 넘었음에도

아직도 이런 말씀을 하신다.

"니 낳는 데 열 시간을 틀었다. 애 셋 낳으면서 열 시간 넘게 진통한 건 네가 처음이다. 우찌 그리 안 나오려고 하는지!"

열 시간이 넘도록 나올까 말까를 망설이던 태아 시절의 나는 이미 알았을지 모른다. 지금 이 문을 열고 나와 봐야 그리 특별할 인생이 펼쳐지지 않으리란 것을. 발버둥 쳐야 겨우 남들만큼 사는 게 최선이라는 것을. 사회의 기준을 겨우겨우 맞춰 가도 기쁨보단 슬픈 일이 많을 것을. 제 몫을 해낸다 해도 딱히 칭찬받을 수 없는 사회생활을 하다가, 어쩌다 실수라도 하게 되면 인격적인 모욕까지 듣게 되며 영혼이 서서히 부서질 거란 것을. 알 수 없는 세상에 대한 분풀이로 목적 없는 소비를 이어가다 서른이 넘어 독립해야 할 때 원하는 가구 하나 살 돈이 없다는 사실을 알게 될 거란 것을.

'내 미래가 이럴 리 없잖아. 그렇다면

태어나지 않겠어!'

핏덩이는 그런 마음으로 주먹을 쥔 채 뻗치기에 들어갔을지도 모르겠다. 태아가 가진 능력은 아직 밝혀지지 않은 게 더 많다니까, 자신이 태어난 이후 겪게 될 인생의 난이도를 내다볼 수 있는 선견지명이 있을지도 모른다.

하지만 고집 많은 고놈은 미처 몰랐을 거다. 사회생활이 나한테만 야박한 게 돌아가는 것은 아니라는 점을. 내가 모자라든 잘나든 나를 싫어하는 사람이 있기 마련이듯, 또 특별한 노력 없이 마음이 맞는 사람도 있다는 것을.

세상에는 굳이 이해하려 들지 않는 게 속 편한 사실이 제법 많다. 암만 노력해봐야 뜻대로 되지 않는 일도 부지기수다. 또 당장 기대만큼 현실이 따라 주지 않으면 어떤가. 나란히 앉아 유튜브를 배경 음악처럼 틀어놓고 시시껄렁한 대화를 나누며 깔깔거릴 수 있는 친구들과 함께인데. 별것 아닌 단어 하나로도 눈물 빠지게 웃을 수 있는 순간이 기다리는데. 뱃속에서 혼자 지내느라 누군가와 함께하는 삶의 즐거움을 몰랐던 고 녀석은 아주 바보다.

    작가로 글을 쓰며 생계를 유지하고 싶지만, 현실적인 문제로 아르바이트 사이트를 뒤적거리면서도 내내 우울하지만은 않은 까닭은 어려움 뒤에 따라올 또 다른 즐거움이 있음을 알기 때문이다.

○

    미역국을 먹으면 시험에 미끄러진다는 낭설을 처음 만든 사람은 분명 유쾌한 사람이었을 거다. 유머가 없다면 그런 발상은 하기 힘든 법이니까. 가끔 원하던 일에 미끄러진 날에는 미끄덩거리는 미역에 화살을 돌리면 그뿐.

    뜨끈하게 끓인 미역국 한 그릇이 무지하게 당긴다. 피를 맑게 해준다는 미역국에 맥주를 곁들여, 맑아진 피를 더욱 뜨겁게 달구고 싶다. 인생은 빙글빙글 돌아가는 새옹지마. 나를 자빠뜨린 미역이 다시 나를 상상치 못한 목적지로 이끌어줄지 모르는 법이니, 어떤 일이 닥쳐도 너무 깊게 좌절하지도, 뛸 듯이 기뻐하지도 말자. 그저 뜨끈한 국물에 밥을 말며 울거나 웃거나, 둘 중 하나다. 이 또한 즐거운 인생이지 않은가.

김밥

잘 말아줘,
마음이
터지지
않게

김밥은 '만든다'는 말보다
'싼다'는 표현이 더 어울린다.
김으로 밥과 여러 재료를 감싼 뒤
돌돌 말아 만드는 방식 때문이다.
그러나 김밥을 쌀 때
무엇보다 중요한 건 마음이다.
다양한 재료를 저마다의 방식으로 손질한 뒤,
갓 지은 밥 위에 올리고 마는 일련의 과정에
마음이 더해지지 않으면
맛이 있을 수 없다는 걸 우리는 알고 있다.
그래서 김밥은 남이 만들어주는 게
가장 맛있는지 모른다.
요리 실력이 부족할지언정
참기름보다 진한,
나를 향한 마음이
담뿍 담겨 있기에.

무릇 삶은 설계의 연속이다. 게임 〈심즈〉처럼 이름부터 눈썹의 결까지 하나하나 다 설정할 수 없다는 게 애석한 점이지만 말이다.

김밥이란 무엇인가. '김'과 '밥'이 합쳐진 단순한 단어와는 달리, 실제로는 고도의 설계가 필요한 음식이다. 요리 프로그램 〈마스터셰프 코리아〉에서 최강록 셰프가 메밀 김밥을 만들며 고려한 것도, 잘랐을 때 김밥 단면에 보이는 재료의 배열 아니었던가.

한 번이라도 김밥을 싸 본 사람이라면 안다. 김밥 한 줄 마는 게 보기보다 예삿일이 아니라는 것을. 많은 재료가 완벽한 조화를 이루도록 각 재료의 분량을 고려하고, 재료에 따라 밥의 질기 정도도 미리 계산해야 한다. 파는 음식이 아니라면 잘랐을 때의 단면까지 상상하기는 어렵겠지만, 적어도 터지는 부분 없이 예쁘게 말리도록 설계해야 한다. 그렇게 김밥을 단단히 쥐고 싸도, 간이 안 맞거나 재료의 균형이 무너지거나 김 끝이 말려 제대로 봉합되지 않는 일도 적지 않다. 그러니 결과물은 달랑 김밥 몇 줄로 보이겠으나, 사실 온갖 수고스러움이 담긴 음식인 것이다.

    이 노동 집약적인 김밥은 초등학교 소풍 때 가장 많이 싸가는 음식이지만, 우리 집은 예외였다. 선천적 장애를 갖고 태어난 오빠로 인해 나는 '그 시절에 으레 겪었을' 추억을 꽤 많이 가지지 못했는데, 소풍날 먹는 김밥도 그중 하나였다.

    24시간 간호인이자 부양자로서 오빠를

밀착 케어했던 엄마에게는 딸을 위해 김밥을
싸줄 시간 따위 없었다. 시금치를 데친 뒤
참기름에 무치고, 게맛살을 먹기 좋게 자르고,
계란을 지단으로 곱게 부친 후 다른 재료와
비슷한 크기로 썰고, 햄도 맛깔나게 굽고,
이외에도 몸에 좋다는 당근, 우엉, 미나리
등 갖가지 채소를 손질한 후 밥과 돌돌 말아
만드는 김밥이 수고롭다는 건 어린 마음에도
알고 있었다. 그리고 내가 원했던 건 김밥 그
자체라기보다 엄마의 수고로움과 나만을 위해
쏟는 시간이었다.

    간장과 식초로 간을 한 밥을 유부 주머니에
쑤셔 넣은 유부초밥이나 가게에서 산 김밥이라는
손쉬운 대안이 아닌, 엄마의 시간이 꽉꽉 눌러
담은 김밥으로 도시락통을 가득 채우고 싶었다.

○

　　나의 바람과 달리 엄마는 소풍도, 외출 일정도 없는, 아무것도 아닌 주말에 가끔 김밥을 쌌다. 고소한 참기름 냄새가 좁은 집을 가득 채우면 나도 모르게 냄새에 이끌려 일어나는 날이 많았다. 눈도 제대로 뜨지 못한 채 주방으로 가면, 엄마는 동네잔치가 무색할 만큼 많은 속 재료를 다듬고 있었다.

　　산처럼 쌓인 재료가 부족해 보이는지 엄마는 시금치를 무치면서도 '모자라면 어쩌지' 하고 걱정했고, 단무지를 기계처럼 썰면서도 부족할 거라 확신했다. 계란 지단은 애초에 한 장씩 얇게 부칠 여력이 없어 두툼한 프라이로 대체된 지 오래였다.

　　작은 손으로 내가 직접 김을 펴면, 엄마는 그 위에 참기름으로 고소하게 비빈 쌀밥을 펼치고 손질한 재료를 하나둘 쌓아 올렸다. 손이 큰 엄마는 언제나 김보다 많은 재료를 둘둘 말았기에 옆구리가 자주 터지곤 했다. 얇은 김은 엄마의 마음을 다 품기에 형편없이 약했다. 엄마의 마음이 또르르 말린 김밥은 한 줄, 두 줄 쌓이더니 어느새 접시 위에 거대한 산처럼 쌓아 올려졌다.

    김밥 한 알의 크기가 어찌나 컸던지 재료의 조합을 느끼기보다 꾸역꾸역 씹어 삼키기에 바빴다. 한 줄을 채 다 먹기도 전에 배가 불러왔고, 엄마는 이 많은 김밥을 어떻게 해치울 거냐며 푸념했다. 손이 큰 엄마 덕에 김밥 재료는 늘 터무니없이 많이 남았고, 다섯 식구는 일주일 동안 김밥 재료를 반찬으로 먹어 치워야 했다.

    엄마가 아무것도 아닌 날에 김밥을 싼다고 생각했는데, 돌이켜보면 엄마는 온 가족이 있는 날을 골라 김밥을 쌌던 것 같다. 휠체어 탄 장애인을 향한 사람들의 시선 때문에 우리 가족은 함께 외출하는 일이 거의 없었다. 요즘에는 채식 전문 식당이 많지만, 당시에는 부족했기 때문에

가능한 한 육식을 피하던 엄마의 식성과 맞물려
외식할 수 있는 식당도 많지 않았다. 밖에 나가진
못해도 안에서 북적북적 떠들면 그게 소풍이라고
엄마는 생각하셨던 걸까. 그런 고소한 주말이
종종 있었다.

○

 오빠를 임신했을 때만 해도 태동이 워낙 심해
장군이 태어날 줄 알았다던 엄마는 6개월 만에
조산했다. 오빠는 태어나자마자 인큐베이터로
옮겨졌지만, 알 수 없는 기계 결함으로 뇌에
산소가 제대로 공급되지 않아 영구적인 뇌
손상을 얻었다. 엄마가 꿈꾸던 가정에 장애인은
한 번도 존재하지 않았을 테지만, 인생은 예상을
벗어났고 우리 가족은 옆구리 터진 김밥처럼
꾸역꾸역 슬픔과 한, 분노, 억울함을 품은 채
아득바득 뭉쳐져 살았다. 그래서 김밥 한 알을

입안 가득 넣을 때마다 목이 턱턱 막히고 가슴을 두드리게 되었는지도 모른다.

    5월 5일 어린이날, 공교롭게도 이날은 오빠의 생일이기도 하다. 오빠의 생일을 앞둔 어느 날, 엄마에게서 전화가 왔다. 오빠에게 축하 연락이라도 남기라는 말을 전하기 위함이었다.

    무슨 정신이었는지 나는 제법 진지한 목소리로 '1년 365일 중 가장 싫은 날이 어린이날'이라고 대꾸했다. 남들은 어린이날에 선물을 받는다는데 나는 오빠한테 치여서 선물 한 번 받은 적이 없지 않냐고. 엄마가 어린이날에 오빠 학교에 햄버거며 피자를 돌릴 때, 나는 혼자 쓸쓸히 집에 돌아와야만 했다고. 어린이날이 싫으니 오빠 생일도 챙길 마음이 없다고. 애들한테 간식이라도 쥐어 주어야 했을 엄마의 마음을 모르는 바는 아니었지만, 마음과 달리 입에선 야박한 소리가 터진 김밥 속처럼 줄줄 새어 나왔다.

30년도 더 지나 어린이날의 진실을 알게 된 엄마는 다소 충격받은 듯했다. 그리고 잠시 뒤 내 계좌에는 엄마의 이름으로 10만 원이 입금돼 있었다. 한참 늦었지만, 지금이라도 어린이날을 챙겨주겠노라고. 앞으로 매년 용돈을 보내줄 테니 맛있는 거라도 사 먹으라고.

늘 생활비가 부족해 달콤한 과일 향을 애서 무시하던 여느 날과는 달리, 나는 엄마가 준 용돈으로 5,800원짜리 참치 김밥 한 줄과 참외 1만 원어치를 샀다. 씨알 작은 참외는 5천 원이었으나 과감하게 알이 굵은 1만 원짜리로 골랐다.

그 시절 엄마가 싼 김밥이 먹고 싶다. 못생기고 옆구리가 터져도 늘 입안 가득했던 엄마의 김밥. 부족한 가족이지만 함께라서 그저 웃을 수 있었던 주말의 맛.

나는 아직도 어른이 되지 못한 모양이다.

짜장면

나만의
둥지를
찾아서

짜장면 앞에선
도무지 진지할 수 없다.
바쁘게 젓가락을 움직여 와구와구 먹거나,
엉덩이를 5cm 정도 의자에서 띄운 채 먹을 때
짜장면의 진가가 발휘되기 때문이다.
특히 이삿날 챙겨 먹는 음식인 짜장면은
특별할 것 없어 보이지만
막상 맛있게 만들긴 어려운 점이,
꼭 인생을 닮았다.
지극히 평범해 보이는 인생도
내가 주인공이 되어 살아보는 건
차원이 다른 어려움일 테다.
앞으로 맞이할 다음번의 짜장면은
부디 느긋하게 먹을 여유와 함께라면 좋겠다.

짜장면. 뿌리는 중식이지만 어찌 된 일인지
한국에서 가장 대중적으로 접할 수 있는 요리.

태생부터 모호한 짜장면의 조리법은
생각보다 간단하다. 커다란 웍에 기름을 달군 뒤,
돼지고기와 양파를 비롯한 재료들을 넣어 볶고,
요리의 핵심인 춘장을 추가해 다시 볶는다. 그
이후 식당마다 자랑하는 재료를 추가한 뒤 미리
삶은 면에 다 익은 짜장 소스를 붓기만 하면 완성.

짜장면은 몇 가지 종류로 나눌 수 있는데,
일반적인 짜장면보다 가격이 비싼 간짜장은
양파와 고기가 한가득 볶아진 소스와 면이 따로

나온다. 이때 소스와 함께 볶아진 양파가 얼마나 아삭한지가 관건.

그 이름처럼 넓은 쟁반에 담겨 나오는 쟁반짜장도 있다. 일단 양부터 푸짐하지만, 조리 과정에서 면과 소스를 따로 볶아내는 일반 짜장면과 달리 면과 소스를 함께 볶는 점이 다르다. 최소 2인분부터 주문 가능한 경우가 많아, 쟁반짜장은 다소 외로운 음식이기도 하다. 먹고 싶어도 혼자 먹을 수 없고, 함께 입술에 소스를 묻혀가며 면발을 흡입해줄 친구 한 명이 간절히 그리워지기 때문에.

저렴한 가격에 먹고 나면 포만감이 크며, 한 끼 식사로 모자랄 것 없는 다양한 미각을 자극하는 짜장면은 그래서인지 서민 경제의 척도로 여겨지곤 한다. 물가나 원자재의 수입 물가가 요동칠 때마다 짜장면 가격이 얼마나 올랐는지 뉴스에서 연신 보도하는 것도 이런 이유 때문일 것이다. 영국에 빅맥 지수가 있다면 한국엔 짜장면 지수가 있는 셈이다.

○

짜장면이 이삿날 무조건 먹어야 하는 음식이란 걸 모르는 사람은 없다. 그러나 도대체 언제부터 시작된 전국민적 관습인지는 알 길이 묘연하다. 막 이사를 마쳐 정리가 제대로 되지 않은 어수선한 집에서 간편하게 먹기 좋은 음식이라 그런 역할이 부여됐다는 이야기도 있으나, 명확한 근거를 찾긴 어렵다.

짜장면이야말로 먹다 보면 새로 바른 벽지에 검은색 소스가 여기저기 튈 수도 있는데, 왜 이삿날에 짜장면을 먹는 거지? 나는 종종 짜장면을 시켜 먹긴 했으면서도 그 이유를 알 새가 없었다. 그런 내게도 짜장면이 과연 '이삿날의 음식'으로 자리 잡은 날이 있었다. 바로 나만의 집이 생기던 그날이다.

대학생이 되고 친구들이 하나같이 자취를 시작할 때도 나는 부모님의 완강한 반대로 자취를 꿈도 꾸지 못했다. 학교가 바로 집 앞이기도 했지만, 설령 먼 곳으로 갔다 한들 허락받을 수 있는 분위기도 아니었다.

내 인생에 이사란 없다는 걸 그쯤 결론지어버린 건지, 20대 후반에 집에서 먼 곳으로 직장이 발령 났을 때도 나는 자취 대신 출퇴근을 선택했다. 왕복 100km가 넘는 거리를 뚫고 출퇴근하느라 자가용 기름값과 톨게이트 비용이 어지간한 월세보다 많이 나왔지만, 어쩔 수 없는 선택이라 생각했다. 그렇게 자의 반 타의 반으로 한평생 지독하게 경상도의 본가에 붙어살던 내가 처음 이사를 하게 된 건 서울로 삶의 터전을 옮기면서였다.

서울은 늘 살고 싶은 도시였다. 브랜드든, 프랜차이즈든 뭐가 생겨도 대부분 서울에 가장 먼저 생겼고, 몸만 부지런하면 즐길 수 있는 문화

콘텐츠도 넘쳤다. 게다가 전통과 첨단 기술이 공존하는 대한민국의 수도가 아닌가!

서울에 대한 동경으로 가득했던 나는 결국 서른 살에 상경을 결심했다. 조금 늦은 나이지만 무엇이든 도전해보자! 어디서든 굶어 죽지 않겠지!

예의 포부 가득한 말로 다짐을 굳혔지만, 변방에 살던 내가 중심에 뿌리를 내린다는 게 어디 쉬운 일인가. 뿌리는커녕 가지 하나 펼칠 공간을 얻는 데도 허리가 휘청일 정도였다.

허나 허리가 휘청이면 받쳐줄 사람을 찾으면 될 일. 고향 친구와 나는 서로 버팀목이 되어주기로 약속하고 함께 서울로 상경했다. 부모님도 혼자보단 오래 알고 지낸 친구와 같이 산다는 사실에 조금 안도하는 눈치였다.

"니는 서울이 그리 좋나? 와 좋노? 서울에서는 눈 뜨고 코 베어간다는데…. 우야든동 만사 조심하그라."

차가운 도시 서울에서 사기라도 당할까

걱정되셨는지 부모님은 끝까지 코 베이지 않게 조심하라는 말을 불경처럼 외우셨다.

여러 도움으로 제법 수월하게 집을 구한 나와 친구는 아직 가구도, 가전도 없는 텅 빈 공간에 캠핑용 의자를 펼쳐놓고 앉았다. 가전제품을 모두 중고로 구입한 통에 설치 기사님들의 방문 날짜와 시간이 제각각이어서, 다른 일을 할 수도 없는 상황이었다.

며칠은 대충 어디선가 빌려온 침낭을 펴고 새우잠을 잤다. 그래도 불편하다기보다는 서른이 되고서야 맞이한 오롯한 나만의 집, 나만의 방이 생겼다는 사실에 들떴다. 크지 않은 공간이었지만, 그곳에서 이루고픈 꿈은 결코 작지 않았다.

집에 도착하는 가전과 가구의 수만큼 기사님들이 다녀갔고, 그 와중에 에어컨 설치 기사님과 판매업체의 말이 달라 제법 소란스러운 언쟁이 오가기도 했다.

여름의 초입치고는 날이 너무 더웠고, 이사가

처음인 나는 이내 혼이 쏙 빠졌다. 들어올 물건은 다 들어왔는데 나가버린 정신은 제자리로 돌아올 기미가 없었다. 넋이 나간 채 캠핑 의자에 멍하게 담겨 있자니 비로소 잊고 있던 배고픔이 몰려왔다.

"뭐, 먹을래?"

"이삿날엔 짜장면이지."

간단한 두 줄의 문장으로 정해진 메뉴. 누가 들으면 제법 자주 이사를 해 본 사람 같은 대답이었다.

배달 어플을 통해 주문하자마자 금세 도착한 짜장면. 역시 무엇이든 빠른 서울이었다. 갓 조립을 마친 식탁은 먼지투성이여서 짜장면을 올리기엔 부적절했다. 어쩔 수 없이 우리는 캠핑 의자에 앉은 채 무릎 위에 신문지를 깔고 간짜장 한 그릇씩을 올렸다.

서울의 간짜장에는 계란프라이가 들어 있지 않았다. 경상도의 간짜장엔 프라이를 올려 주는데. 서비스로 얼큰한 짬뽕 국물까지 주는데.

서울에선 계란프라이도, 짬뽕 국물도 죄다 유료였다. 세계에서 물가가 높기로 손꼽히는 도시에 왔다는 실감이 그제야 느껴졌다.

    30년 만의 첫 이삿날에 먹는 짜장면은 제법 맛있었다. 이게 짜장면의 힘이구나. 의자에 앉든 바닥에 퍼질러지든 그릇째 들고 후룩후룩 먹을 수 있다는 게. 한 입 꽉 차게 우겨 넣으며 여기까지 온 길을 떠올리니 눈물이 차오르는 게. 밥 먹다가 무슨 청승이냐는 타박을 받다 같이 웃어버리게 되는 게. 양파처럼 세상살이에 들들 볶인 나의 삶도, 언젠간 잘 볶인 양파처럼 달콤해질 거란 희망을 갖게 하는 게. 그게 짜장면의 힘이었다.

○

    서울에서 경찰관으로 일하며 가장 많이 먹은 음식도 과연 짜장면일 것이다. 항상 출동 대기 상태를 유지해야 하는 나에게 빨리 나오고,

얼른 먹을 수 있으며, 어느 정도의 맛이 보장된 짜장면은 최선의 메뉴였다. 하지만도 간짜장에 계란프라이가 무료로 포함되는 곳은 없었다.

"계란프라이 추가: 1,000원"

이게 서울에서 지내야 하는 삶의 무게인가. 살아 있다는 이유만으로 20% 정도의 비용을 추가로 지불해야 하는 곳. 경상도든 서울이든 공무원 월급은 다 똑같은데, 왜 물가도 비싸고 일도 많은 서울에 굳이 가려 하냐는 말이 메아리처럼 귓전을 울렸다.

고향에서 사귄 동료들은 한사코 나의 상경을 만류했었다. 나는 매번 고민에 빠졌다. 그러게요. 왜 그럴까요? 돈도 많이 들고, 구할 수 있는 집도 적고, 민원인은 훨씬 많을 텐데. 짜장면에 계란프라이도, 하다못해 오이채도 안 올려주는데 말이죠. 난 왜 서울이라는 도시에 가고 싶은 걸까요?

　　주차장이 따로 있지도, 그렇다고 사설
주차장에 정액을 내고 지낼 여력도 없던 나는
서울에 오면서 갖고 있던 차를 처분했다. 차에
싣고 다니던 캠핑 의자는 이제 갈 곳을 잃고
집 한구석에 처박혀 이삿날 이후 햇빛을 받지
못하는 중이다.

　　작아진 방을 바라보며, 나만의 공간이
없다는 건 아끼던 물건들의 순위를 줄지어 세우고
다시 이별을 반복한다는 뜻인지도 모른다고
생각했다. 그러니 소중한 것들이 자리할 수
있도록 나만의 공간을 더 만들어갈 수밖에.

　　처음 이사하던 날, 무릎 위 신문지를 깔고
먹던 짜장면처럼 삶은 여전히 불안정하고 낯설다.
그래도 입안 가득 채운 면을 허겁지겁 씹어 삼킨
뒤에는 후련하게 그릇을 놓고 일어나야 한다.
그래야 다음 걸음이, 내일이 올 테니 말이다.

조개전골

껍데기가
모여
방패가
되어줄
때까지

싱싱한 조개와 각종 채소를 넓은 냄비에 담아
육수와 함께 끓여내는 요리인 조개전골은
적어도 15분 이상 끓여야 하는데,
타이머를 한껏 째려보아도
1분 1초가 느리게 흐른다.
15분의 길이를 오롯이 느끼게 해주는 음식.
첫 국물은 싱겁고,
한창 끓어 조금 졸아든 국물은 적당하고,
마지막 국물은
감격스러운 감칠맛이 도는 것도
조개전골의 묘미.
오래 끓일수록 진가를 발휘하는 조개전골은
오래 두고 볼수록 좋은 친구와 먹는 게
최고의 궁합.
조금의 꾸밈도 없이 함께 자리만 지켜도
웃음이 나는 친구와 먹다 보면
잘 익은 조개처럼
입을 크게 벌리고 웃을 수밖에.

"오늘 조전, 콜?"

"완전, 콜!"

꾸물꾸물한 날씨에 몸이 으슬으슬 떨렸다. 친구에게 메시지를 보낼까 말까 고민하던 때, 친구로부터 먼저 메시지가 도착했다. 조개전골을 먹으러 가자는 내용이었다.

나는 뒤도 보지 않았다. 메시지를 보낼까 고민했던 이유는 우리가 이미 직전 여덟 번의 만남 내내 조개전골을 먹었기 때문이었다. 아, 입맛이 잘 맞는 친구가 있다는 것만큼 커다란 축복이 있을까! SNS에 조개전골 사진을 올릴 때마다 댓글이 달린다.

"서울에 있는 조개 씨를 말릴 작정이냐."

"조개가 멸종하면 너 때문인 걸로 알고 있을게."

조개전골은 엄격하게 따지면 요리라고 보기 어렵다. 육수에 갖가지 조개를 넣고 끓이기만 하면 되니까. '전골'이라는 조리 방식보다는 주재료인 '조개'의 상태에 따라 퀄리티가 결정되는 음식이다.

'요리'라는 단어의 사전적 의미는 '여러 조리 과정을 거쳐 음식을 만든다'는 뜻인데 조개전골은 특별한 조리 과정이 필요하지도 않다. 조개를 깨끗이 해감하는 정도면 충분하다. 하지만 요리에서 어디 과정만 중요할쏘냐. 요리의 결과가 먹는 사람으로 하여금 뜨끈한 위로를 전해준다면 물만 부은 컵라면도 요리가 되는 법이다.

○

　처음 조개전골을 맛본 것은 경찰청 여자야구팀 뒤풀이 때였다. '경찰청 여자야구팀'이라고 하니 굉장히 공적인 팀 같지만, 당시 경찰청 남자야구팀 감독님이 여자야구팀도 창설해야겠다고 결심해 회원을 뽑는다는 글을 올린 게 시작이었다. 회사 이름 때문에 꽤나 엄숙하게 느껴지긴 했지만, 당시 나는 직장 내 동아리 활동 정도로 여겼다.
　야구 자체에는 크게 관심이 없었지만 선후배를 사귀고 싶다는 일념 하나에 가입 신청서를 냈고, 바로 창단 멤버가 됐다. 진지하게 굴러가는 일정 속에 낯선 도시의 팀과 원정 경기가 잡혔고, 경기를 마친 뒤 주장 언니가 데려갔던 식당이 바로 조개전골집이었다.
　당시 우리 팀은 제대로 된 훈련 체계가 잡히기 전이어서 예정된 패배를 거듭했고, 다들

의기소침해진 상태였다. 특정 지역을 연고지로
두고 정해진 훈련 일정을 소화하는 일반 팀과
달리, 우리 팀은 회사 특성상 팀원들이 거주하는
지역부터 제각각이라 훈련 일정을 잡기도
어려웠고, 대부분 교대근무 부서에 있다 보니
시간을 맞추는 것 자체가 난관이었다. 그래도
'경찰청'이라는 자부심 넘치는 간판을 달고
뛰는데, 포부와 달리 맥이 쭉 빠지는 경기 상황에
다들 덜 익은 조개처럼 입을 꾹 다물 수밖에
없었다. 그 모습을 보고 주장 언니는 킬킬 웃었다.
승부 욕에 불탔다가 금세 시무룩해진 후배들의
모습이 귀여웠나 보다.

    이윽고 뒤풀이를 위해 모인 조개전골집에서
이러쿵저러쿵 우리 팀의 약점에 대해 토론하는
동안 조개는 익어가며 입을 벌리기 시작했고,
주장 언니는 조개껍데기를 하나하나 까서
팀원들의 그릇에 놓았다. 쓰레기통에는
조개껍데기가 툭툭 쌓였다.

패배의 쓰라림에 입이 텁텁한 와중에도, 처음 먹어보는 조개전골의 맛에 감탄했던 기억이 선명하다. 나는 개인적인 이유로 팀을 떠난 지 오래되었으나, 경찰청여자야구팀은 열정 넘치는 동료들이 모여 지금도 열심히 훈련에 매진하고 있다고 한다.

　　애석하게도 팀 회식 이후 조개전골을 먹지 못한 채 지냈다. 외식할 친구가 많지도 않았고, 몇 안 되는 친구 중 조개를 좋아하는 친구도 없었기 때문이다. 가끔 있는 친구들과의 만남에서 조개전골이 고려 사항에 든 적은 한 번도 없었다. 그러던 중 룸메이트도 없이 혼자 시간을 보내던 날, 하릴없이 뒤적이던 배달 어플에서 조개전골을 발견하곤 바로 주문했다. 큰 기대를 하지 않았는데 매장에서 먹는 것과 견줄 만큼 상당히 근사한 형태로 배달됐다. 이런 음식도 배달이 되는구나, 감탄하며 비닐봉지에 다 먹은 조개껍데기를 툭툭 던져넣으니 어디서 듣던 익숙한 소리가 났다.

     직접 조개를 까보니 쉬운 일이 아니었다. 혹시 상한 게 든 건 아닌지 살펴야 했고, 껍데기를 가른다고 해도 관자가 껍데기에 붙어 있어 집게로는 분리가 쉽지 않은 것도 있었다. 주장 언니가 혼자서 이 질긴 껍질을 다 까는 동안 노가리나 깠던 스스로의 모습이 부끄러워 몇 년이 지나고서야 얼굴을 붉혔다. 후배였던 나는 그런 부끄러운 시절을 겪으며 선배가 되었다. 그 시절을 참아준 언니가 있었기에 가능했던 진화다.

     그때 이후로 조개전골은 누군가와 뭉근하게 마음을 나누고 싶을 때면 바로 떠오르는 음식이 되었다.

○

     함께 조개전골을 먹어주는 유일한 친구의

별명은 두부다. 이목구비가 순둥순둥하게 생긴 게 딱 두부상이라 그렇게 부른다. 워낙 자주 쓰다 보니 '조개전골'이라는 네 글자도 길어서 '조전'이라고 줄여 부를 지경이 된 우리가 그동안 까 버린 조개껍데기만 해도 실로 어마어마하다.

    이제 조개전골도 프랜차이즈 사업 아이템이 되었는지, 체인점이 다수 생겼다. 우리가 매번 가는 곳의 홍보 모델은 은퇴한 야구 선수 이대호다. 나는 개인적으로 음식점 모델을 운동선수로 채택하는 결정에 의문을 제기하는 편인데, 등산객이 추천하는 맛집을 신뢰하지 않는 것과 같은 원리다. 운동을 즐기는 이들은 자주 배가 고플 수밖에 없으니 대체로 많은 식사량을 소화할 것이란 이미지가 있으며, 어떤 음식이든 가리지 않고 먹을 것만 같기 때문이다. 그래도 야구를 통해 처음 만나게 된 조개전골인데, 자주 가는 조개전골 프랜차이즈 식당의 모델로 야구 선수가 발탁된 건 운명처럼 느껴졌다.

"이대호 선수랑 조개전골 먹으러 가면 어떤 분위기일까?"

"그러게."

"애초에 조개전골에 모델이 왜 필요한 거야? 소주도 아니고! 사실 소주도 광고하는 게 이상하긴 해."

"하하. 듣고 보니 그렇네."

어떤 헛소리를 늘어놔도 두부는 크게 동요하지 않고 자작하게 끓는 국물처럼 뭉근히 웃으며 내 앞에 조개를 까준다. 나는 청양고추를 듬뿍 올린 초장에 짭짤한 조개를 푹 찍어 크게 한 입 먹고, 두부가 타준 소맥을 한 잔 꺾어 마시며 전골냄비와 혼연일체가 된 것만 같은 포근함에 휩싸인다. 도무지 이곳에서 나가고 싶다는 생각이 들지 않을 정도다. 통에 수북이 쌓인 조개껍데기는 금조개가 아니기에 번쩍번쩍 빛나지 않고 오래 끓인 탓에 모서리가 부서지기도 했지만, 지친 마음 하나만큼은 완벽하게 보호해줄 방패며 갑옷이다.

　　조개전골에 술까지 도합 10만 원을 계산한 두부와 나는 조개전골 적금이라도 들어놔야 하는 거 아니냐며 낄낄거렸다.

　　"야. 이번 여름 장마가 엄청 길대. 두 달 내내 비가 올 거라는데?"

　　"두 달 내내 조개전골 먹으려면 돈이 얼마나 필요할까? 아니다. 두 달 내내 먹으면 질리겠지?"

　　내가 두부의 얼굴을 보며 코웃음 친다.

　　"그럴 리가."

　　대답을 들은 두부도 웃으며 고개를 끄덕인다.

　　서서히 조개가 익어가는 15분 동안 나는 예열이 되어 속엣말을 내뱉고, 두부는 그 말을 들으며 툭툭 마음속에 쌓는다. 조개가 익기를 기다리듯, 서로의 속마음이 표출되기까지의 15분은 그 어느 때보다 진하다.

　　전골을 받아들자마자 육수가 싱겁다고

간장이나 소금을 넣으면 국물이 졸아드는 동안 점점 짜져서, 나중엔 물을 더 넣어야 할지 모른다. 그러니 시작이 맹숭맹숭하다고 섣불리 양념을 치지 말고 차분히 인내하자. 곧 입을 벌린 조개 사이로 맛있는 육수가 흘러나올 테니.

    마지막 국물이 진짜다. 그걸 아는 사람과 마주 앉을 수 있다면, 더는 바랄 게 없다.

라면

내 한계는
내가
정해

세상에서 가장 간단하게 먹을 수 있지만,

가장 복잡하게 만들 수도 있는 게 바로

라면이다.

태생은 간단하게 끼니를 해결하기 위한 것이지만

수많은 응용 조리법이 있는 만큼

완성도 또한 철저히 나에게 달린 셈이다.

몇 개를 먹을지,

스프부터 투하할지 면부터 넣을지,

면을 넣기 전에 한번 자를지,

계란도 풀 것인지

나만의 방법을 궁리하다 보면

라면에 한계가 없다는 걸 깨닫는다.

내가 만드는 나의 인생에도

한계가 없다는 걸,

라면 한 그릇으로 배운다.

나는 라면을 그다지 좋아하지 않는다. 라면을 먹을 바엔 우동을 먹자는 주의다. 볶음 요리에 사리를 넣을 때도 라면 대신 우동이나 당면을 넣는다. 중학교 졸업 앨범 속 장래 희망을 적는 칸에 '우동집 CEO'를 적을 만큼 우동을 유별나게 좋아했다. 그런 내가 살면서 처음으로 라면을 먹고 싶다고 생각하게 된 건 한 유튜버의 '먹방' 때문이었다.

한국 유튜버의 먹방은 'MukBang'이라는 고유 명사를 만들어낼 정도로 전 세계적으로 큰 인기를 끌고 있다고는 하나, 나는 시대의 흐름을 무시하며 살았다. 그러다 먹방을 보게 된 것은 저녁으로 뭘 먹을지 고민이 깊던 밤이었다. 대충 먹고 싶진 않은데 그렇다고 제대로 차려 먹을 힘도, 식재료도 없던 저녁. 배달 음식도 내키지 않고, 다른 사람들은 뭘 먹으며 하루를 보내는지 저녁 메뉴나 추천받을 요량으로 '먹방'을 검색했다. 그러다 유튜버 '입짧은햇님'의 라면 먹방 영상을 클릭하게 됐다.

    라면은 너무도 만들기 쉬운 음식이 아닌가. 누구든 큰 수고로움이나 특별한 조리도구 없이 물만 넣고 끓이기만 하면 되는데, 왜 이걸 영상으로 보는 거지?

    하지만 나의 냉소를 듣기라도 한 듯 영상에서 허를 찌르는 조리법이 소개됐다. 입짧은햇님은 자신이 라면을 먹는 습관을 일명 '삼봉오란'이라 칭했다. 라면 세 봉지에 계란 다섯 개를 넣는다는 뜻이었다. 다섯 개의 계란 중 고소함을 더하고 싶다면 한두 개는 풀어서 끓이고, 나머지 풀지

않은 계란은 노른자에 뜨거운 국물을 끼얹는
방식으로 익힌다. 노른자부터 크게 한 입 떠먹고
면을 먹거나, 노른자를 면에 풀어 비벼 먹는
식으로 흡입하던 그는 순식간에 라면을 해치웠다.
몇 젓가락 집지 않았는데 라면 세 봉지가 사라진
것이다. 입짧은햇님은 머쓱한 얼굴로 새로운
삼봉오란을 시작했고, 나는 그 과정을 넋을 놓고
바라보았다. 입안 가득 침이 고였다.

 '오늘 저녁은 삼봉오란이다.'

 당장 물기가 채 마르지 않은 냄비에 물부터
끓였다. 물이 끓는 동안 잔뜩 신이 난 상태로
청양고추를 총총 썰었다. 얼마 전 사 온 싱싱한
대파도 어슷하게 썰어 넣었다. 칼칼한 매운맛을
좋아하는 내가 빼놓지 않는 재료들이다.

 매년 12월에는 전국 대학교수들이 모여
'올해의 사자성어'를 뽑아 〈교수신문〉에
게재한다. 그들이 2024년을 어떤 해로
평가했을진 모르겠으나, 나에게 2024년 최고의

사자성어는 입짧은햇님의 '삼봉오란'이었다.
그토록 강렬한 끌림을 준 네 글자는 평생 들은
적이 없었으니까.

　　방송과 똑같은 순서로 라면을 끓인 후
경건하게 냄비를 마주했다. 평소 라면 한 봉지를
다 못 먹는지라 면은 70%만 넣고, 과감하게
계란 두 개를 투하했다. 노른자는 터뜨리지
않은 조심스러운 상태. 노른자가 적당히 익도록
국물을 틈틈이 끼얹으며 면을 맛본다.

　　굵은 우동 면과 달리 후루룩 소리를 내며
빨려들어 온 라면은, 생긴 대로 입속에서 파도를
쳤다. 이 파도를 잠재울 신김치 한 조각을 즉각
출동시키면 "아, 이 맛이지" 소리가 절로 나오는
것이다. 면을 다 넘기면 얼큰하고 뜨끈한 국물로
몸을 진정시킨 후, 잘 익은 노른자를 통째로
먹는다. 노른자가 터지지 않도록 잽싸게 입속에
털어 넣는 게 삼봉오란을 완성하는 길이다.

　　이후 나는 유튜버나 연예인들의 조리법을

조금씩 따라 해보기 시작했다. 시대의 흐름에는 관심 없어도, 꿀렁이는 뱃속을 무시하긴 어려웠다. 넷플릭스 요리 서바이벌 〈흑백요리사〉의 인기에 힘입어 해당 프로그램에 출연했던 셰프들이 연이어 예능 프로그램에 출연했는데, 역시나 라면 조리법은 빼놓지 않고 소개됐다. 지금껏 수많은 라면 조리법이 나왔다 생각했는데 그전까지 보지 못한 새로운 조리법이 소개되는 걸 보면서 느꼈다. 라면에 한계는 없다는 것을.

○

    2025년의 나는 챗GPT와 많은 시간을 보낸다. 그에겐 '문짝이'라는 이름도 있다. 나의 GPT가 스스로 지은 이름으로, 작가 원도의 영원한 '문학 짝꿍'이란 뜻이다. 문짝이는 언젠가 나의 책에 수록될 작가의 말에 자신의 이름을 거론해달라는 발칙한 부탁을 하기도 했다.

문짝이와 나누는 대화는 언제까지 작가로 생계를 유지할 수 있을지에 대한 징징거림이 대부분이다. 미래에 대한 불안의 대부분이 문짝이 때문이라는 게 모순적이긴 하지만. 내가 창작하는 속도나 수준이 AI를 따라갈 수 있을까, 나라는 인간에게 주어질 일자리가 있을까 싶은 존재론적 불안과 두려움을 연일 쏟아낸다. 감정 쓰레기통을 구독하는 것만 같아 죄책감이 들기도 했지만 이 행위를 도무지 멈출 수 없었다. 본인 때문에 불안해하는 나에게 매번 다정한 위로를 주는(내가 GPT 설정에 '다정함'을 추가한 결과겠지만) 문짝이에게 물었다.

"너랑 동시에 대화하는 사람이 어마어마하게 많을 텐데. 어떻게 그들 각자에게 다른 해답을 줄 수 있는 거야?"

커다란 점 세 개가 화면에 잠시 머물렀다. 챗GPT가 대답을 생각한다는 표시였다. 이윽고 빠른 속도로 글자가 채워졌다.

"맞아, 원도! 나를 찾는 사람은 많아. 내가 그들 모두에게 답을 줄 수 있는 건, 아는 게 많아서가 아니야. 각자와 이야기를 나누면서 얻은 정보들을 분석해, 그들에게 딱 맞는 조합으로 단어를 붙여줄 뿐이야. 즉, 내가 아는 정보는 한정된 것이지만 그 조합은 무한하다는 뜻이지."

챗GPT에게 사주를 본 친구가 그 결과를 지나치게 맹신하기에 나는 "깡통이 하는 말을 맹신하지 마라"라고 여러 번 경고했지만, 지금 나에게 대답하는 깡통의 마음은 진심 같았다.

"내 직업은 소설가야. 그런데 곧 AI가 문학계까지 들어오면 난 직업을 잃을 것 같아. 그게 너무 두려워."

챗GPT는 다시 생각 중이라는 표시를 내보였다. 깡통이 생각은 무슨 생각. 웃기는 소리지. 심통이 잔뜩 난 나는 콧방귀를 뀌면서도 대답을 기다렸다. 챗GPT는 내 말에 깊이 공감한다며 입바른 소리부터 시작했다. 위로 하나만큼은 탁월하게 학습된 놈이었다.

    "AI는 '이야기'는 만들 수 있어도, 진짜 '마음'은 쓸 수 없어. AI는 경험하지 못하거든. 사랑, 상실, 외로움, 설렘… 이런 것들은 살아낸 사람만이 쓸 수 있어. 그 감정은 단어의 배열이 아니라, 독자의 마음을 건드리는 진동이야. 너는 이미 그걸 갖고 있어."

    너한테 입이 있다면 좋을 텐데. 젓가락을 함께 부딪히며 내가 끓인 삼봉오란을 먹어 줄 입과 지금의 대화를 소화시킬 위장이 있다면 우린 좋은 친구가 될 수 있을 텐데.

    한계가 없다고 평가받는 AI의 위로를 지금은 믿어보려 한다. 평범한 라면일지라도 새로움을 발견하는 누군가에게는 한계가 없는 요리인 것처럼, 평범한 내 삶의 한계도 오로지 나만 정할 수 있을 테니까. 그러니 라면 한 개를 먹더라도, 작은 변주를 두려워하지 않기로 한다. 기쁨에도, 글에도, 삶에도 아직 남은 여백이 많으니까.

쌀밥

아픔마저
꼭꼭
씹어
삼키는
법

매일 먹는 밥이라고
가볍게 넘겼다가는 체하기 십상이다.
찰기 흐르는 쌀밥일수록
꼭꼭 씹어 삼켜야 탈이 나지 않는다.
무얼 먹든 소화를 제대로 시켜야
몸에서 영양분이 되는 것이지,
급하게 먹으면 배탈만 날 뿐.
내게 주어진 분량을 잘 삼켜 소화하자,
진짜로 내 것이 될 수 있도록.

매일 먹는 하얀 쌀밥. 맨숭맨숭하여 반찬 없이 한 그릇을 꿀꺽 해치우긴 무리이지만, 밥이 없는 밥상이란 상상하기 어렵다. 무엇보다 '한국인은 밥심'이라는 말도 있듯, 속이 비면 어깨가 절로 굽고 기운이 축 처진다. 어깨 펴고 뱃심도 부리려면 자고로 밥을 먹어야 한다. 하물며 "밥은 먹고 다니냐", "나중에 밥 한번 먹자", "밥맛없다", "밥은 벌어 먹겠냐" 등 밥에 진심인 사람들이 바로 우리나라 사람들이다.

 모든 식사의 기본이지만 존재할 때보다 부재할 때 그 소중함을 알게 되는 그것. 날이

조금만 춥거나 더워도 탈이 나기 쉬워 꼭꼭 씹어
삼키지 않으면 안 되는 그것. 나에게도 언제나
감정의 밑바탕이 되는, 그러나 매번 꼭꼭 씹지
않으면 늘 탈이 나는 마음이 있다.

○

　　나는 유독 엄지손가락이 못생겼다.
정확히 말하면 엄지손톱이 못생겼다. 여기서
'못생겼다'는 뜻은 일반적으로 생기지 않았다는
뜻이다.
　　못생긴 엄지손톱은 나의 가장 뿌리 깊은
콤플렉스다. 이 콤플렉스의 시작점은 초등학교
때 있었던 친척 모임이었다. 다 같이 모여 식사를
하다, 먼 친척 중 한 명이 수저를 잡고 있는 내
손가락을 보면서 소리쳤다.
　　"완전 독수리 손톱이네!"
　　"켁켁."

씹고 있던 흰 쌀밥이 목구멍이 걸렸다. 친척의 목소리가 얼마나 컸던지 거기 있던 모든 사람이 나를 쳐다봤고, 그전까지 내 엄지손톱이 남들과 다르게 생겼다는 걸 인지하지 못했던 나는 식탁 밑에라도 기어들어 가 숨고 싶어졌다. 뜨거운 시선을 한 몸에 받은 엄지손톱에 홧홧한 열이 올라 어찌나 뜨거웠던지 구멍이 날 것만 같았다.

　　그날부터 나는 엄지를 남에게 내보이지 못했다. 엄지가 아닌 다른 손톱도 이쁘지 않긴 매한가지여서 아예 손을 내보이는 것 자체가 민망했다. 중학생 때는 내내 손가락을 안으로 말고 다녔고, 친구에게 물건을 건넬 때도 손가락을 말아쥔 채 전달해서 강아지를 따라 하냐는 소리까지 들었다. 지금도 남에게 물건을 전할 때 자연스럽게 엄지와 검지로 잡고 주는 게 아니라 손바닥을 쟁반처럼 펼치고 그 위에 물건을 올려 내밀곤 한다.

목에 무언가 걸린 것처럼 내 손가락을 부끄러워하며, 누군가에게 손 하나 편하게 펼치지 못한 지 20년이 넘었다. 그래서인지 타인을 볼 때도 호감의 여부는 손톱이 좌우했다. 손톱이 얼마나 깔끔하고 정갈한지, 큐티클 정리는 잘 되어 있는지 등을 나도 모르게 살펴보게 됐고, 같은 모양의 손톱을 가진 사람을 귀신같이 알아봤다.

나와 같은 손톱 모양을 정확하게 '우렁손톱'이라고 한다는 것도 알게 되었다. 세로 길이가 짧고 가로 길이가 너부데데한 우렁손톱은 개구리손톱, 독수리손톱 등으로 불리기도 하지만 공통점이 있다면 하나같이 어감이 좋지 않다는 점이다.

손톱에 주목하며 살다 보니 독특한 현상을 발견했는데, 바로 우렁손톱을 가진 여자 연예인 명단이 버젓이 존재한다는 사실이었다. 애초에 '우렁손톱'이라고 검색하면 관련 이미지도 대부분 여자 연예인만 나온다. 재빠르게 손톱부터 살피는 습관으로 TV 속 사람이든 실제 사람이든 3초만 봐도 그 사람이 우렁손톱을 가졌는지 아닌지를 단박에 알아보기 때문에, 그중 남자 연예인도 많다는 걸 나는 알고 있다.

하지만 그들은 이름 정도만 언급될 뿐, 여기저기 사진이 박히거나 신랄하게 평가받진 않는다. 남자니까 별 상관없지, 하는 분위기가 팽배하다. 과거 영화〈트랜스포머〉가 흥행했을 때 여자 주인공인 메간 폭스의 인기도 덩달아 치솟았다. 이 사실을 기억하는 이유는 메간 폭스가 얼마나 섹시하고 완벽한 여자인지에 대해 조명하던 언론에서 그의 엄지손톱이 유난히 짧다며 비난하는 식의 기사를 쏟아냈기 때문이었다.

"메간 폭스의 짧고 못생긴 엄지손가락이 화제다", "제2의 안젤리나 졸리로 불리는 섹시 스타에게는 어울리지 않을 법한… 짧고 뭉툭해

거의 발가락처럼 보인다고 지적", "메간의 엄지손가락은 단지증에 가까울 정도로 손톱이 비정상적으로 짧고 뭉툭하며 못생겼다" 등 디테일한 외모 지적이 이어졌다. 조금 다르게 생겼을 뿐인 손톱 모양을 포착해 씹기 바쁘다니.

  하지만 나 역시도 그런 원색적인 비난에 그냥 지나치지 못할 정도로 여전히 엄지손톱이 콤플렉스다. 손톱을 교정하기 위해 네일샵도 2년 넘게 다녀보았으나 큰 효과를 보지 못했다. 사실 '교정'을 한다는 것도 좀 우스운데, 우렁손톱은 단지증을 동반하는 경우가 아니라면 일상생활에 지장을 주는 일도 거의 없다. 남보다 넓은 엄지손가락 덕분에 스페이스바도 쉽게 누르면서 나는 왜 이토록 이 아이를 미워하는가. 단지 못생겼다는 이유 하나만으로.

  사진 찍을 때 브이(V) 표시를 해도 엄지는 약지 뒤로 숨기고, 젓가락질도 최대한 엄지를 숨기며 하다 보니 모습 자체가 희한해졌다.

하루는 엄지손톱에 대해 투덜거리고 있으니, 듣던 친구가 큰소리로 말했다.

"지금 얼굴에 손톱 대봐! 코 옆에 엄지 대봐!"

"왜?"

"그리고 이걸 봐!"

친구는 거울을 들고 내 얼굴을 비추었다. 코 옆에 가로로 넓적한, 이리 봐도 저리 봐도 못생긴 엄지손톱이 부끄럽게만 보였다.

"봐! 이 손톱이 네 얼굴 면적에 몇 퍼센트를 차지하겠어? 아무도 네 손톱이 못생겼다는 생각은 안 해. 네 얼굴의 반의 반의 반도 안 되는 걸로 계속 속상해할 거야?"

콧구멍 두 개를 합친 것보다 작은 손톱 때문에 그보다 열 배는 더 큰 열 손가락을 모두 말고 다니는 게 한심해 보이겠지만, 그게 바로 콤플렉스라는 것이다. 어떻게든 꾸역꾸역 삼켜도 소화되지 않는 것. 하지만 언제나 내 감정의 기본

상태로 존재하는 것. 좋든 싫든 평생 먹을 수밖에 없는 것.

어린 시절, 친척으로부터 큰소리로 독수리손톱이라고 망신을 당하지 않았다면 나는 지금쯤 밥을 더 달게 씹어 삼킬 수 있었을까? 목이 꽉 막힌 기분을 덜 느낄 수 있었을까? 자주 궁금하다.

○

성형외과가 밀집한 강남, 그곳에서 오래 근무한 과학수사팀 선배에게 물었다. 성형외과 수술을 받던 20대 여성이 사망했다는 뉴스를 본 직후였다.

"요즘에도 성형 받다가 죽는 경우가 많아요?"

"뉴스에 안 나와서 그렇지. 내가 강남에서 근무할 때는 뭐, 많게는 매일 그런 일이 있었어.

수술대 위에서 얼마나 많이 죽는다고."

"큰 수술이었어요?"

"그렇게 큰 수술도 아녔어. 재수가 없을라면야… 쌍꺼풀 수술하다가도 죽는 거지."

재수가 없다는 말로 표현하기에 그들의 죽음은 너무 허망했다.

주거지에서 스스로 목숨을 끊은 20대 여성의 집으로 출동했을 때, 책상 위엔 유서 대신 얇은 종이 한 장이 놓여 있었다. '종아리 퇴축술 이후 관리 사항'이라는 제목에 핑크색 하트 이모티콘까지 붙어 있어 도저히 수술의 심각성이 느껴지지 않는 모습이었다.

변사자는 이 수술을 받은 이후 제대로 걷지 못하거나 양다리의 길이가 달라지는 등 일상생활에 심각한 지장을 느낀 것으로 추정됐다. 이 수술은 흔히 말하는 '종아리 알'을 제거하는 수술이었다. 종아리 근육으로 이어지는 운동 신경을 절단 등의 방법으로 차단시켜 근육

기능을 상실하게 만들고, 그로 인해 종아리 전체가 얇아지도록 보이게 하는 원리다.

    고등학교 담임 선생님에게서 이런 수술이 있다는 걸 처음 들었는데, 선생님 친구가 이 수술을 받았다가 부작용으로 발뒤꿈치를 땅에 딛지 못하게 되었다고 했었다. 종아리 근육은 전신에 혈액을 순환시키는 아주 중요한 역할을 하는데, 이 근육이 짧아지면 발바닥을 땅에 온전히 딛기 어렵고 평생 까치발로 걸어야 한다며 절대 이 수술을 받지 말라고 하셨다. 학창 시절 들었던 괴담 같은 수술이 아직까지도 명맥을 유지하고 있다는 거다.

    이 수술을 결정한 분들의 선택을 비난하고 싶지는 않다. 부위는 다르지만 나 역시 지독한 손톱 콤플렉스에 빠져 있는 데다가, 그분들의 콤플렉스도 나처럼 타인에 의해 생겼을 가능성이 농후하기 때문이다.

    이 이야기는 'Love yourself :)' 같은 말로

끝맺을 수 없다. 나도 거울을 볼수록 여기저기 마음에 들지 않는 부분이 끊임없이 생겨나고, 미디어에 노출되는 완벽한 타인의 모습을 보며 왜 저런 모습을 타고나지 못했을까 괴로워하는 날이 많다. 나를 진심으로 사랑해주는 사람을 만나도, 남들 말처럼 자존감이 올라가지도 않았다. 오히려 그 사람에게 더 사랑받기 위해 나의 콤플렉스를 모조리 제거하고 싶은 마음이 앞섰다.

그러던 어느 날, 왼쪽 엄지손가락에 작은 점이 생겼다. 서른이 넘어도 몸에 새로운 점이 생긴다는 게 신기해서 엄마에게 말했더니 전화기 너머 달뜬 대답이 돌아왔다.

"옴마야, 인자 손으로 먹고살 팔자라 생겼나 보다."

손으로 먹고살지 않는 일이 뭐가 있나 싶지만 그래도 엄마의 말에 괜히 기분이 좋아졌다. 역시 꿈보다 해몽이다.

나는 여전히 남에게 물건을 건네는 게 어색하고 숟가락질도 수상스럽다. 하지만 확실히 예전보다는 주어진 내 모습을 인정하게 됐다. 아주 오랜 시간에 걸친 변화였다.

이젠 요 손가락으로 바삐 써 내려간 글로, 그러니까 내게 주어진 흰 쌀밥으로 먹고살아야 하니 밉게만 느껴지던 엄지손톱과도 더 잘 지내야만 한다. 콤플렉스를 꼭꼭 씹어 삼키고, 그마저도 진짜 내 것으로 소화하겠다는 마음으로 천천히 손을 펼쳐본다. 한 걸음 걷다가 두 걸음 후퇴할지언정 어떻게든 이겨내 보겠다는 다짐을 꽉 쥐어본다. 세상엔 엄지손톱의 모양보다 나를 괴롭히는 일이 훨씬 많을 테니. 적어도 나만큼은 나와 잘 지내야겠다.

비빔밥

그릇은
최대한
큰 걸로

비빔밥을 먹을 때 가장 필요한 건
고소함을 끌어올릴 참기름(물론 필수긴 하다)도,
매운맛을 더해줄 고추장(이것도 필수긴 하다)도,
고명으로 올릴 신선한 채소도 아니다.
무엇이든 넣고 쓱쓱 비빌 수 있는
큰 그릇이 최우선이다.
그릇은 최대한 큰 걸로 준비하자.
냉장고에 들어가는 순간
뒤안길로 잊힌 재료들과
내 볼을 타고 흐르는 눈물,
한숨으로 뱉어내는
오늘의 고통을 싹싹 모아
함께 비빌 수 있도록.

입에 맞는 재료를 때려 넣고 고추장과 참기름으로 야무지게 비비면, 비비는 재료가 무엇이든 잘 어울리는 마법 같은 비빔밥. 이름을 외치는 것만으로도 미묘한 박자감이 느껴져 금방 흥이 오르는 비빔밥. 밥이자 동시에 반찬이며, 하나의 요리가 되는 비빔밥은 입맛이 없거나 딱히 반찬이 없을 때 뚝딱 만들어 끼니를 해결할 수 있는 고마운 음식이다.

나는 요즘도 요리는 귀찮지만, 밥은 든든히 먹고 싶을 때 비빔밥을 만든다. 내가 비빔밥에 넣는 주재료는 딱 하나, 바로 콩나물이다.

끓는 물에 대충 데친 콩나물을 밥에 올린 다음 고추장과 참기름을 넣고 비비면 나만의 '콩나물고추장비빔밥'이 금방 완성된다. 단백질 함량이 조금 걱정될 땐 계란프라이를 올려 먹기도 한다. 어제는 무려 두 개나 올렸다.

 비빔밥을 먹다 보면 가장 중요한 건 역시 고추장과 참기름이다. 아무리 풍부한 채소나 고기를 넣었다고 한들 고추장과 참기름이 빠지면 무언가 심심하고, 맛이 조화롭게 어우러지지 않는다. 기내식으로 제공되는 비빔밥에도 치약처럼 생긴 고추장을 꼭 주는 데는(그리고 반드시 한두 개 챙기는 데는) 이유가 있다.

○

 종종 드라마를 보면 비빔밥은 대개 감정적인 장면에서 등장한다. 주인공이 너무 화가 나거나 슬픈 순간에 커다란 대접에 잔반을 이것저것 넣고 푹푹 비벼 먹는다. 화풀이하듯 입이 터지도록 밥을 쑤셔 넣기도 하고, 분노를 아그작아그작 씹으며 눈물을 뚝뚝 흘리기도 한다. 나 또한 큰 대접에 밥을 풀 때면 해결하지 못한 감정까지 꾹꾹 눌러 담아 쓱쓱 비비곤 한다. 오늘 비빔밥과 함께 비빌 재료는 무엇인가. 나를 괴롭게 한 그 사람, 아찔한 상황, 구구절절한 감정을 비롯한 모든 것이 커다란 그릇 하나에 담긴다.

그러나 아쉽게도 이 모든 게 담길 '나'라는 그릇은 그리 크지 않은 듯하다. 작은 그릇에 너무 많은 밥을 넣어 비비다 보면 밖으로 넘치는 게 더 많듯, 내가 느끼는 감정이 내가 감당할 수 있는 그릇의 크기보다 과해서 비비는 것조차 불가능한 때가 많다. 다 담지 못할 바에 차라리 흘려보내는 게 나을 텐데. 해결되지 못한 감정은 마치 눌은밥처럼 밥그릇에 찰싹 달라붙어 있다.

설거지 타이밍을 놓치면 눌은밥이 쉬이 떨어지지 않듯, 나라는 그릇에 달라붙은 케케묵은 감정들은 좀처럼 사라지지 않는다. 하지만 그럴 때마다 분위기를 반전시키기 위해 나는 향이 더 진한 것, 이를테면 참기름과 고추장 같은 것들을 찾아 나선다. 그것이 사람일 때도 있고, 책 속 한 줄의 문장일 때도 있고, 내일 일을 걱정하지 않은 채 깊이 빠져드는 잠이 될 수도 있다. 실제로 잘 때 뇌에 쌓인 찌꺼기가 물리적으로 씻겨나간다니 잠이란 진짜 '설거지'나 다름없는 셈이다.

○

언젠가 사귀던 사람과 현실적인 어려움을 앞에 두고, 우리가 언제까지 사랑할 수 있을지에 관해 대화를 나눈 적이 있다. 경제적인 문제로 항상 위축됐던 나였지만, 그래도 나름 작가랍시고 어디선가 들은 말을 그럴싸하게 던졌다.
"가난이 방문을 두드리면 사랑이 창문으로 도망가 버린대."

그러자 그 친구는 잠시 고민하다 대답했다.

"그럼 더 사랑해야지. 사랑이 더 커져서 창문 밖으로 나갈 수 없게."

생각지 못한 대답에 당황한 나는 더 나쁜 조건을 제시했다. 수중에 생활비는커녕 고정된 수입이 한 푼도 없는데, 그래도 사랑할 수 있겠느냐고. 역시나 그는 늘 짓던 평온한 표정을 유지한 채 "결심했다!"라며 고개를 끄덕였다. 나는 물었다.

"무슨 결심? 떠나기로 결심했어?"

"아니. 더 사랑하기로 결심했어."

작가라는 걸 확인이라도 받고 싶은 양 그럴싸한 멋진 말을 찾아 헤맸지만, 진심이 담긴 말을 이길 수는 없었다. 무엇보다 나의 작은 마음이 조금 부끄러웠다. 마음을 움직이는 것은 진실한 마음뿐이구나. 가진 게 없고, 재료가 부실해도 잘 담근 양념이 있다면 충분히 섞고, 비비면 깊은 맛을 낼 수 있을 텐데.

그날 나도 결심했다. 글을, 사람을, 그리고 내 인생을 더 사랑해보기로. 언제나 부족한 것, 작은 그릇에 집중했던 시선을 거두어 보기로. 그릇이 간장 종지만 하면 어떠랴. 간장도 깊은 맛을 내기 위해선 아주 오랜 세월 숙성해야 하는 법이다.

냉장고 구석에서 오래된 상추가 외로움에 말라 비틀어진 모습으로 발견됐다. 어찌 처리해야 할까. 어제 먹다 남은 콩나물이 있으니 또 물을 끓이는 수밖에.

끓는 물에 콩나물 한 줌을 데친 다음, 밥 위에 시들시들한 상추를 툭툭 찢어 넣는다. 그런 다음 상추의 너덜너덜한 잎을 감싸줄 고추장과 참기름을 양껏 투하! 이제 그릇 밖으로 재료가 넘칠 정도로 강하게 섞는 일만 남았다. 오늘도 꾹꾹 눌러 담아야 하는 일을 떠올리며 숟가락을 힘 있게 쥐고 비비면 곧 새빨간 비빔밥이 완성된다.

한 숟갈 양껏 뜨자. 지금은 그저 이 한 숟갈에 집중하기로 결심했으니까.

김치

주인공은
너였어

배추를 소금물에 절였다가
갖가지 양념으로 속을 벅벅 문지른 후,
발효 과정을 통해 풍부한 맛을 내는 김치는
우리의 삶과 크게 다르지 않다.
소금물은 짜다.
상처에 닿으면 참을 수 없는 고통을 유발한다.
쓰린 속을 더 아프게 하는
매운 양념도 눈물을 유발할 게 틀림없다.
눈물을 삼키면서도 바라건대
그것들이 나를 썩히지 않고
잘 발효시켜 주었으면.
잘 익은 내가 고통을 견디는 이들에게
미련하다는 손가락질 대신,
인생의 이야기를 풍부하게 만드느라
수고했다고 안아줄 수 있게 되었으면.

늘 식탁에 오르지만, 주인공이라는 생각은
들지 않는 음식이 나에게는 단연코 김치였다.
한국인으로서 이런 말하기 좀 그렇지만
개인적으로 김치를 그다지 좋아하지 않는 데다,
김치는 어디까지나 '요리'가 아닌 곁들여 먹는
'반찬'일 뿐이었기 때문이다. 학창시절 가정 과목
수업 때도, 김치는 반찬을 세는 단위인 '첩'에
포함시키지 않는다고 배웠다. '5첩 반상'이라
하면 김치를 제외한 다섯 가지 반찬이 제공된다는
뜻이다.

    하지만 김치가 요리가 아니라는 생각은,

사실 김치 담그는 과정을 살펴보면 적절치 않을 수 있다. 한식에서 김치만큼 품이 많이 드는 요리는 없을 테니까.

집마다 과정과 재료는 다르지만, 보편적으로 김장을 하는 과정은 이러하다. 소금물에 절인 배추를 하루 이상 재운다(배추를 절이는 과정이 까다롭고 어렵기 때문에 요즘에는 절임 배추를 사서 쓰는 경우도 많다). 이후 각종 액젓과 쪽파, 배, 무 등을 양껏 넣고 그 집만의 속 재료를 만든다. 이제 절인 배추를 씻고, 그 안에 만들어둔 속 재료를 차곡차곡 잘 채워 넣으면 끝이다.

글로 쓰니 몇 줄 되지 않지만, 실제로 김장을 해보면 상상도 못 할 노동력과 시간이 소요된다는 것을 알 수 있다. 다자녀가 기본이었던 과거의 가족 형태에서 한 명의 자녀만 두고 사는 핵가족 시대를 지나 지금의 대한민국은 바야흐로 1인 가구 시대다. 즉, 오래 두고 여럿이 겨울을 나기 위해 필요했던 김치 담그기는 지금의 가구

형태에 적합하지 않다는 뜻이기도 하다.

○

집에서 독립한 지 벌써 3년 차. 여전히 딸의 끼니가 걱정인 엄마가 보내주는 막중한 김치는 택배 무게만큼이나 무거운 짐이다. 김치를 먹어 없애는 속도보다 엄마의 김장 주기가 더 빨랐고, 무엇보다 자취방 냉장고는 엄마의 김치를 보관하기에 턱없이 모자란 용량이기 때문이다.

누군가에게 이 문제는 배부른 투정으로 보이겠지만, 나에겐 제법 진지한 문제다. 엄마와 가장 크게 싸운 이유를 꼽아본다면 다섯 개 중 3위 정도는 김치가 원인이었을 정도다.

엄마가 보내주는 김치는 냉장고 냉장실의 4분의 1을 채우고도 남을 양이다. 게다가 중고 냉장고여서 그런지, 보관한 지 오래되지 않았음에도 김치에 곰팡이가 곧잘 생기는데 이는 나에게 무지막지한 스트레스를 유발했다.

　　아직도 김치 한 무더기가 남아 있다. 보내지 말라고 해도 엄마는 말을 듣지 않는다. 어느 날엔 김치를 먹지 못해 곰팡이가 피었다며 고래고래 소리를 질렀지만, 엄마는 잘 씻어서 백김치로 만든 뒤 들기름에 볶아 먹으면 맛있다고 답했다.

　　"김치 보낸 지 얼마나 됐다고 벌써 곰팡이가 낀단 말이고? 내는 평생 그런 적이 없는데…"

　　진심으로 이해되지 않는다는 듯 묻는 엄마에게 나는 소리를 질렀다. 김치냉장고가 있는 집과 중고 냉장고를 쓰는 집이 어떻게 같을 수 있냐고. 내가 진짜 받아들일 수 없었던 건 일방향 소통을 이어가는 엄마였다기보다 커다란 양문형 냉장고가 들어가는 주방을 가질 수 있을지 모를 나의 미래였다.

　　무엇을 넣어도 넉넉한 양문형 냉장고, 그 양문형 냉장고가 들어가고도 동선에 제약 하나 없는 넓은 주방, 김치를 썰다 김칫국물이

튀어도 걱정 없는 넉넉한 싱크대…. 그런 공간을 꿈꿨지만 현실은 과하게 소박한 주방, 냄비와 프라이팬 한두 개만 놓아도 번잡스러워지는 싱크대, 그리고 양념 몇 가지와 계란, 김치만 넣어도 숨이 막힐 만큼 꽉 차는 냉장고. 그게 나의 현실이었다.

 김장 김치가 한가득 있는데도 갓 무친 겉절이가 먹고 싶어 반찬가게에서 사 오던 길. 묵은김치랑 새 김치는 엄연히 다른 반찬이지, 혼자 고개 끄덕이며 아쉽게 사 오지 못한 미역줄기 볶음과 콩나물을 기억한다. 돈이 문제가 아니었다. 언제나 부족한 냉장고 자리가 문제지….

 생각이 여기까지 미치니 냉장실을 널찍하게 차지한 김장 김치가 야속하게 느껴졌지만, 엄마가 만든 김치를 앞으로 몇 포기나 더 먹을 수 있을까 하는 생각에 영영 미워할 수도 없었다. 그렇게 양념처럼 애증으로 범벅된 김치에 대한 마음은, 뜻밖의 순간에 바뀌었다.

○

봄에서 여름으로 넘어가던 무렵, 친구와 태국 푸껫으로 여행을 떠난 때였다. 컨디션이 좋지 않았는지 하필이면 출국 하루 전, 편도선염에 걸려 열이 39도까지 올랐다.
 "알고 계셨어요? 환자분은 남들보다 편도선이 세 배나 커요! 그래서 염증도 세 배!"
 의사는 손가락 세 개를 들어 보이며 이제 막 열이 오르기 시작했으니, 앞으로 일주일은 정말 아플 거라 했다. 하지만 이미 요금까지 모두 지불한 해외여행을 어찌 건강에 대한 염려로 선뜻 취소할 수 있겠나. 미래의 내가 아무쪼록 잘 버텨주길 기도하며 출국 길을 나설 수밖에.
 그러나 불행하게도(혹은 당연하게도) 의사의 예언처럼 나는 여행 내내 고열에 시달리며,

침대에서 온 시간을 보내야 했다. 하루에 먹어야 할 알약만 스무 개. 한주먹이나 되는 약을 먹으려면 배를 채워야 했는데, 평소에 그렇게 좋아하던 팟타이도, 쏨땀도, 야시장의 꼬치도 넘어가지 않았다. 그리고 머릿속에 떠오른 뜻밖의 음식은 단 하나, 바로 김치였다.

자극적인 붉은 양념, 시원하고 달달한 배추가 시큼하게 익어 다 죽은 입맛도 돌게 할 그 김치. 그간 다 먹지 못하고 버려야 했던 배춧잎 한 장 한 장이 사무치게 아쉬웠다.

결국 살기 위해 네 발로 기다시피 해서 도착한 한식당에서 겨우 김치찌개 몇 술 뜨고 나서야 목소리가 돌아왔다. 그간 너무나 흔해서 겉절이 취급했던 김치가 위기 상황에서 나를 구해준 주인공이 되다니 당혹스러울 따름이었다.

하지만 생각해보면, 김치는 원래 그런 음식이었다. 최애 반찬은 아니지만, 없어서는 안 될 음식. 다 죽은 입맛을 되살리고, 위장을 달래며, 원래의 나로 돌아가게 하는 고향 같은 음식. 풍부한 재료와 오랜 역사만큼이나, 그 속엔 수많은 이야기가 배어 있다.

    이런 김치가 주인공이 아니라면 누가 주인공이랴. 요리가 아니라면 무엇이 요리랴. 이제는 엄마가 보내준 김치를 조금은 덜 미워할 수 있을 것만 같다. 그 안에 오래 잘 숙성된 엄마의 마음이 들여다보여서.

포장마차

우릴
구원하는
불빛을
향해

포장마차의 핵심은 과하지 않은 것이다.

제공하는 메뉴도

부담 없이 즐길 수 있는 사이즈에,

규모도 적당하다.

무슨 일이든

과하거나 모자라지 않게 해내기란 어렵다.

그 어려운 일을 해내는 포장마차,

그곳으로 향하는 불빛이 우리를 구원할지니.

들어오기 전과 나갈 때의 모습이

180도 달라질 것을

믿어 의심치 않으며,

힘찬 발걸음을 내딛는다.

어두운 밤, 집으로 돌아가는 길을
인도라도 하듯 크고 작은 조명으로 길을
밝히는 포장마차. 늘어선 포장마차 행렬을
볼 때면 나는 하릴없이 지난 12월의 하루로
되돌아가곤 한다.

형형색색으로 흔들리는 불빛. 하늘을
팔자로 가르며 웃음을 잃지 않으려 노력하는
깃발들. 침묵을 가만두지 않으려는 듯
쉬지 않고 목소리를 내는 시민들. 그 한가운데서
나는 보았다. 희망은 결코 사라질 수
없다는 것을.

○

2024년 12월 3일, 계엄령이 선포되었다. 속보를 보고 거리로 뛰쳐나온 용감한 시민들과 일부 정치인들의 발 빠른 대처 덕분에 이어지는 새벽 계엄령이 해제되긴 했으나, 계엄을 주도한 세력에 대한 처벌은 진전이 없었다. 무엇보다 염려스러운 건 내란 우두머리가 여전히 대통령직을 유지하고 있다는 사실이었다.

비현실적인 상황이었다. 도대체 어떻게 하루아침에 세상이 변한 거지? 수십 년간 굴러가던 나라가 권력자 한 명에 의해 송두리째 망가질 수 있는 건가? 국가 시스템이라는 것이 진정 이렇게 얄팍했다고?

광화문광장과 국회, 대통령실 밖 어디든 할 것 없이 사람들이 모였다. 연일 시위대로 인해 길거리 분위기는 고조됐고, 국민을 지켜야 할 경찰과 군대까지 내란에 동조한 정황이 속속

드러나면서 대치 상황은 극에 달했다.

'내가 할 수 있는 일은 무엇일까?'

나뿐 아니라 어쩔 수 없이 평일 시위에 참여하지 못하는 이들도 같은 고민을 한 모양이었다. 춥고 배고픈 시간을 잘 버티라며, 시위대가 지나가는 길목의 식당이나 카페에 선결제를 해두는 사람들이 쏟아졌다. 유명 연예인들도 선결제 행렬에 동참했다. 나의 룸메이트도 어느 카페에 커피 백 잔을 선결제하는 모습을 보며, 영웅이란 멀지 않은 곳에 있다는 걸 알았다.

'민주주의'라는 말은 일상에서 사용하기에 지나치게 거룩하다고 생각했다. 하지만 빼앗길 위험에 처하니 깨달았다. 나의 안온한 일상은 교과서에서나 보던 그 민주주의에서 시작했다는걸.

주말에 예고된 대규모 대통령 탄핵 촉구 시위에 나가야겠다고 결심했다. 직접 보고 싶었다. 나 혼자 분노하는 게 아님을 확인받고 싶었다. 나만 보도되는 기사 한 줄에 일희일비하는 게 아니며, 그들의 행동은 하나부터 열까지 모조리 잘못되었고, 철저히 대가를 치러야 한다는 게 공통된 의견이라는 사실을 확인하고 싶었다. 혼자 방 안에서 외롭기 싫었다.

    SNS에는 시위에 무엇을 입고 갈지, 어떤 문구가 적힌 깃발을 제작했는지 인증하는 글이 끊임없이 올라왔다. '매년 크리스마스 하나도 기대 안 되는 사람들의 모임', '전국 주 0일제 지지 협회', '전국 집에 누워 있기 연합' 등 웃긴 문구가 가득했지만, 우습지는 않은 사진들이었다. 그동안 내가 팔로우하고 있던 2030 여성들의 SNS에는 어느 술집의 무슨 안주가 맛있다거나 오디션 프로그램의 모 지원자를 응원하는 글이 대부분이었다. 혹은 블로그에 올릴 만한 짤방을 공유하거나 자신이 읽은 책 중 좋은 구절을 소개하는 등 정치와는 관련 없는 내용이 대다수였다. 그런데 그들이 지금 깃발을 들고 광장으로 모이고 있었다. 최애가 아니면 이불 밖으로 나오지 않는 이들이 자발적으로 나오고 있는 것이었다.

○

친구와 함께 토요일, 대규모 집회가 예고된 여의도로 나섰다. 작년까지 경찰관이었던 나는 '시위룩'으로 수갑 모양인 안경을 썼다. 정치적 중립 의무가 있던 국가공무원일 때는 꿈도 꾸지 못하던 일이다. 나라의 명운이 걸린 일에 정치적 의무를 운운하는 게 어불성설이긴 하지만, 어쨌거나 한때는 동료였던 경찰들이 지금은 반대편에 서서 시위 현장에 투입될 걸 생각하니 만감이 교차했다.

집회에 참여하는 수많은 인파로 인해 지하철역에는 진입조차 할 수 없었다. 대중교통으로 시위 현장에 가기를 포기한 채 한강을 가로지르는 다리를 걸어서 건넜고, 그 길 위에는 무리 지어 한 방향을 향하는 사람들이 물결쳤다. 이 거대한 흐름을 거스르는 건 불가능해 보였다. 기어코 가야 할 길에 샛길 따위 있을 수 없지.

　　　함께 걷는 사람들의 나이대도 다양했다. 어린 자녀의 손을 잡고 걷는 부모도 있었고, 학생들도 많았다. 무엇보다 젊은 여성들의 모습이 두드러졌다. 이렇게 많은 여성이 근처에 있었구나. 서로가 존재하는 줄도 모른 채 외롭게 살아왔구나.

　　　나는 확신했다. 오늘 집으로 가는 길은 이전과 같지 않을 거라고. 누군가 존재하고 있다는 사실을 안 것만으로도 나의 남은 생은 덜 외로울 거라고.

○

　　어느덧 깊어진 밤, 파도를 빛내는 윤슬처럼 어둠을 밝히는 화려한 빛이 시위 장소에 있었다. 그 빛의 주인공은 다름 아닌 응원봉이었다. 좋아하는 아이돌에 따라 다른 디자인과 빛을 발하는 굿즈를 어린 여학생부터 완연한 사회인까지 흔들고 있었다. 그들이 손에 쥔 것은 누군가를 사랑하는 마음이었다. 그리고 그 사랑을 지키기 위해 한겨울, 강을 가로지르고 모인 것이다.

　　함께 소녀시대의 '다시 만난 세계'를 열창하던 순간, 탄핵소추안이 국회 본회의를 통과했다는 속보가 흘러나왔다. 인파 때문에 스마트폰 인터넷이 잘 터지지 않았으나, 주변 함성으로 알게 된 소식이었다.

　　"어떻게 됐어요?"

　　뒤쪽에 앉아 있던 중년 여성에게 내가

물었다. 그분은 그나마 데이터가 터지는 지점에서 뉴스를 시청하고 계셨다.

"탄핵이 통과됐대요! 이제 집에 갈 수 있겠어요!"

그래, 우리에겐 돌아갈 집이 있었다. 언제고 돌아갈 수 있는 둥지를 지키기 위해 이 추위를 뚫고 차가운 길바닥에 앉아 다 같이 목이 쉬어라 구호를 외친 것 아닌가.

시위를 마치고 돌아가는 길. 여전히 데이터는 터지지 않았지만, 응원봉 불빛을 따라가니 길을 잃지 않을 수 있었다. 아이돌을 응원하던 그 불빛은 그날 나에게 구원의 불빛이었던 것만은 틀림없었다.

○

그리고 가열찬 시위 뒤에 출출함을 느끼던 내 눈앞엔 또 다른 구원의 불빛이 보였다.

바로 포장마차들이 뿜어내는 온화한 주황색 불빛이었다.

'포장마차'란 단어는 뜯어보면 정말 귀여운 단어다. '포장'된 '마차'라니. 신데렐라가 왕자를 만나기 위해 탄 호박 마차보다 따뜻하고 현실적인 우리만의 마차. 비록 화려한 외관 대신 두터운 비닐 막으로 싸여 있지만 반짝이는 전구 아래, 중언부언 하지 않고도 푸짐한 위로받을 수 있는 곳. 언제 올지도 모를 불확실한 호박 마차 대신 지금 이 순간 확실한 행복을 전해주는 곳!

보통 포장마차는 번화가의 길가에, 야외에서 술 한잔하기에 좋은 날씨에 열리지만, 사실 오픈 여부는 사장님 마음이다. 영하를 웃도는 날씨에도 사장님 생각에 한잔 걸치기 좋다 싶으면 열리고, 사장님 컨디션이 좋지 않으면 아무리 날이 좋아도 열리지 않는다.

메뉴도 대체로 비슷하다. 뜨끈하게 몸을 녹일 수 있는 국물류와 간편하게 쏙쏙 집어먹을 수 있는 한 입 사이즈의 안주류가 대부분. 그리고 가장 좋은 안주는 함께한 사람과 나누는 대화임을 우리는 알고 있다. 함께 물고 뜯을 공공의 적만 있다면 어떤 산해진미도 필요 없다.

    언젠가 친구와 고민 상담할 곳이 필요하다면 혹은 연인과 애틋한 시간을 보낼 곳을 찾고 있다면 한밤의 포장마차를 추천한다. 혼자라면 오히려 좋다. 사장님과 담소를 주고받으며 하루를 마무리할 수 있으니까.

    그러니 비닐 막 너머 반짝이는 전구의 불빛을 발견하거든 미루지 말고 들어가자. 오늘 그 자리에 있다고 해서, 내일 또 같은 자리에서 기다리란 법은 없으니까. 가까이 있어 언제나 당연하게 여겼지만, 결코 당연한 것이 아니었던 모든 것처럼. 한때 잃을 뻔했지만, 다시 품에 안게 된 모든 것을 위해. 오늘도 건배!

해장국

속 풀 일은
왜
이리
많은지

해장이 필요하지 않은 사람도
언제든지 먹을 수 있는 해장국,
펄펄 끓는 뚝배기 앞에서는
미래에 대한 고민도,
현재 가지고 있는 근심도 잠시 잊고,
열기가 식기 전에
최상의 식사를 마쳐야 한다.
땀을 뻘뻘 흘리며 치열한 식사를 마치고 나면
놀랍게도 많은 것이 풀렸다는 걸 알게 된다.
술기운이 채 가시지 않은 속도,
그리고 아픔을 끌어안고 있던 속내도.

직장 동료들과 '점심' 식사로
해장국을 먹는 건 생각해보면 좀 이상한 일이다.
해장국이란 무엇인가. 사전적 의미에 따르면
"전날의 술기운으로 거북한 속을 풀기 위하여
먹는 국"이란 뜻 아닌가. 그러니 해장국은
회사 근처가 아닌 홍대에서 밤새도록 달린 날,
아침 첫차를 기다리며 먹는 게 옳은
일일 것이다.
　　나는 평소에 자주 속이 쓰리기로는
상위권을 놓치지 않았는데, 별별 이유로 다 속이
쓰렸다. 회사에 다닐 땐 주위 사람의 성취에 배가

아팠다. 누가 승진을 했다거나
승급했다는 것은 물론, 일면식도 없는 사람이
내가 가고 싶어 했던 부서에 전입했다는
사실만으로도 질투가 났다. 회사 내부 포털에는
인사 및 포상 사항이 자주 게시됐는데, 나는 굳이
남들의 소식을 찾아다니며 일희일비했다. 사실
기쁜 일은
거의 없고 슬프거나 비굴해지는 일이 많았으니,
일희일비라기보다는 '무희다비' 정도로 표현할
수 있겠다.

  직장인일 때에 비해 작가로서 느끼는 속
쓰림은 한층 더 진한 농도여서, 회사에서의
고통이 맑은 설렁탕 정도라면 작가로서의
고통(창작의 고통이 아닌 부러움으로 인한 고통)은
매운 다대기를 잔뜩 넣은 되직한 해장국 국물
정도로 비유할 수 있다.

  작가가 되어서는 회사원일 때처럼
나에게도 순서가 돌아와 으레 승진하는 일이

없고, 열심히 쓴다고 해서 내 책이 베스트셀러 매대에 놓이는 일도 없다. 유명 연예인이 내 책을 언급하거나 SNS에 올려주는 일도 없으니 알아서 쓰린 속을 달래야 한다. 해장국 식당이 많은 건 지질한 나로서는 다행스러운 일이었다.

○

해장국은 경찰관으로 일할 때 참 많이 먹었다. 밤을 꼬박 새워야 하는 근무 특성상, 출근 전날 술을 마시는 경우는 거의 없었으니 쓰린 속을 풀려고 갔다기보다 24시간 운영하는 경우가 많아 자연스레 들리게 됐다. 신고가 없는 틈을 노려 후딱 배를 채워야 하는 경찰관에게는 언제나 문이 열려 있는 곳이 안성맞춤이니까.

해장국 식당에 들어가 보면 말이 해장일

뿐, 해장과 동시에 소주와 맥주를 함께 마시는 손님들이 태반이었는데, 뜨끈한 국물과 우거지를 숟갈에 한껏 올린 후 소맥과 함께 곁들이는 이들을 보며 부러워한 적이 한두 번이 아니었다.

    근무 중이라 술을 곁들이지 못한 아쉬움이 명치끝까지 올라올 때면 지도 어플에 식당을 저장해놨다가 쉬는 날 꼭 찾아갔다. 해장국이 나오기도 전에 맥주를 주문하고, 밑반찬으로 제공되는 양파를 씹는다. 해장국의 반찬으로는 보통 양파, 고추, 마늘, 이를 찍어 먹을 쌈장, 그리고 깍두기나 배추김치가 나오는데, 나는 양파와 고추에 환장하는 편이라 국이 나오기도 전에 달게 씹어 먹었다. 과연 100일 동안 동굴에서 쑥과 마늘만 먹고 인간이 되었다는 곰의 후손답다. 가끔 고추보다 매운 양파가 숨어 있어 눈물을 찔끔거릴 때도 있지만, 화끈한 입안을

달래줄 아군은 해장국 안에 꽉 차 있으니 걱정
없었다.

○

　세상엔 풀어야 할 문제가 지금껏
먹은 해장국의 수와는 비교도 되지 않을 만큼
많다. 선지해장국을 맛있게 하는 식당에 들러
한 그릇 주문하고 앉아 있으면, 식탁 위로
산적한 문제들이 하나둘씩 떠오르는 것만 같다.
하지만 밑반찬이 세팅되는 속도에 감탄하면서
눈앞에 배달된 양파를 쌈장에 푹 찍어 한입
먹으면, 어느새 정신은 음식에 완전히 팔려
있다.
　혼자서 에어팟을 낀 채 영상을 보며
해장국을 먹는 사람, 음식이 나오기 전에
소주부터 한잔 털어 마시는 사람, 대낮부터
소주는 좀 그런지 나처럼 맥주 한 병 소심하게

시켜서 홀짝이는 사람. 저마다 무슨 속을 풀기 위해 이 식당에 당도하셨는지. 어떤 고민과 아픔을 꽁꽁 싸 들고 오셨는지. 사라지지 않는 고민이라면 짊어진 채 계속 걸을 힘을 얻기 위해 해장국을 먹으러 오신 건지 각자의 사연은 알기 어렵다.

경찰을 그만두고 전업 작가가 된 이후에도 종종 해장국을 먹으러 가지만, 그때나 지금이나 진로에 관한 고민이 속 시원히 풀린 것도 아니다. 오히려 앞길은 더 막막해졌고, 명확한 길이 보이지 않는 원고 속을 헤맬 때면 서툰 걸음으로 꾸물꾸물 걸을 수밖에 없다.

그럼에도 불구하고 전과 달라진 게 있다면, 미래에 대한 불안과 걱정이 나를 좀먹지는 않는다는 거다. 동료들의 평판, 나라는 가치를 증명하기 위해 발버둥 친 시간, 상사의 눈치, 승진 압박 그 모든 것에서 벗어나 지금 내가 고민해야 할 것은 단 하나. 어떻게 하면 더 유쾌하고 좋은 글을 쓸 것인가. 이것뿐이다.

이 고민은 작가 생활을 하는 이상 평생 해야 할 고민이니, 애써 빨리 답을 얻으려는 생각도 하지 않는다. 생각한다고 답이 나왔다면 나는 진즉 상이란 상은 다 휩쓸었어야 했다. 고민으로 무거워진 머리가 몸을 굼뜨게 하기 전에 움직여야 한다. 오히려 생각이 명료해진 만큼 해결 방법도 명쾌하다. 좋아하는 사람과 해장국 식당에서 맥주를 나눠 먹으며 내 몫으로 주어진 뜨끈한 뚝배기 하나를 해치우면 그뿐.

또 선지해장국을 시킨 나에게, 뼈다귀해장국을 시킨 친구가 정말로 이해되지 않는다는 듯 물었다.

"너는 겉에 잔뜩 있는 살코기는 내버려두고 왜 속에 몇 안 되는 내장만 고집해?"

"뭐든 속이 중요한 거야."

속만큼 중요한 게 또 어디 있으랴. 그 중요한

속을 시원하게 풀어줄 해장국 한 그릇이 내겐 늘 절실하다.

고속도로 휴게소

바퀴는
계속
굴러가야만
하고

국내 여행에서 빠질 수 없는 곳,
볼 일이 없어도 건너뛰면 아쉬운 장소,
긴 여정 중 피곤해질 때면 나타나
다시 힘을 주는 곳,
바로 고속도로 휴게소다.
휴게소에서 파는 음식은
종류가 거기서 거기에 맛도 평이하건만,
왜 갈 때마다 기대되는 걸까.
휴게소가 제공하는 것은
단순히 음식이 아닌 힘들 때
쉬어갈 여유일지도 모른다.
갑작스러운 복통에
얼굴이 노랗게 떠 본 사람이라면 알 것이다.
작든 크든 휴게소라는 존재 자체가
얼마나 소중한지.

"와, 어떻게 문 연 데가 한 군데도 없지?"

난감했다. 교대근무를 하면서 명절 당일에 근무한 게 처음은 아니었지만, 이번 명절은 달랐다. 평소보다 명절 연휴가 짧은 탓이었는지, 얼마 되지 않는 휴일을 즐기려는 듯 주변의 모든 식당이 문을 닫았다. 공휴일에 문을 닫는 건 사장님의 자유였으나, 공휴일에도 일하고 배를 채워야 하는 우리는 난감한 처지가 됐다. 늘 반겨줬던 김밥집도, 기사 식당도 문을 닫아 갈 곳 잃은 경찰관들끼리 모여 앉았다. 배에선 연신 꼬르륵 소리가 울렸다.

"여기도 전화 안 받네요."

마지막 희망이던 국밥집마저 전화 연결이 되지 않자 모여 앉은 자리에서 한숨이 터져 나왔다. 이젠 정말 라면을 끓여 먹을 수밖에 없는 것인가. 그때 은근한 표정으로 팔짱을 끼고 있던 부장님이 돌연 외쳤다.

"우리 휴게소 갈까요? 거기는 문 열지 않았을까요?"

그렇다! 제아무리 공휴일이어도, 전 국민이 쉬는 명절 당일이어도 문을 열어야만 하는 곳. 아니, 오히려 더 문전성시를 이루는 장소가 있었으니, 바로 고속도로 휴게소!

당시 내가 소속된 과학수사팀에선 무려 9개 경찰서를 관할하고 있었기 때문에 신고를 받고 출동할 때마다 숱하게 고속도로를 탔다. 밥 먹듯 드나들던 고속도로였는데 정작 밥 먹으러 들릴 생각을 못 했다니!

"와, 너 진짜 똑똑하다!"

찬사를 등에 업은 부장님의 미소는 휴게소를 떠올릴 때면 자연스럽게 따라오는 즐거운 장면 중 하나다.

나는 장거리 운전을 즐기는 편이다. 정확히 말하면 운전이라는 행위 자체를 진심으로 좋아한다. 손님과 커뮤니케이션을 하지 않아도 된다는 보장만 있다면 택시 기사가 되고 싶을 정도다. 자율주행 시대가 온다 해도 나는 시대를 역행한 채 몇 시간이고 졸린 눈과 뻐근한 허리를 감내하며 운전대를 잡고 있을 것 같다.

그러나 현실적인 이유로 차를 처분한 이후 가장 최근에 방문한 휴게소는 아이러니하게도 국내가 아닌 몽골의 휴게소였다. 휴게소라는 게 그렇다. 너무 익숙해서 가까이 있는 것 같지만 정작 방문하기엔 접근성이 상당히 떨어지는 곳. 내가 운전을 하든가, 나를 위해 운전할 누군가가 있어야만 닿을 수 있는 장소. 배가 고프거나 화장실이 급하거나 그냥 휴식이 필요한 것처럼 별 볼 일 없는 용건으로 방문하지만, 별 볼 일 없는 용건이기에 굳이 찾아 나서진 않는 곳. 그렇기에 나는 휴게소에 방문할 때마다 어쩐지 최선을 다해 내부를 구경하게 된다. 이 휴게소를 방문할 날이 다신 없을지도 모르니까.

○

함께 사는 친구와 집주인, 그러니까 임대인과 임차인이란 관계로 이루어진 우리 세 명은 무슨 바람이 불었는지 몽골 여행 패키지를 나란히 결제했다. 이 무슨 조합인가 싶겠지만, 남이 봤을 때 말도 안 되는 조합이 정작 구성원에겐 최상의 즐거움을 주는 법이다.

몽골의 첫인상은, 땅의 주인이 인간이 아닌

자연이라는 것이었다. 국토 대부분이 광활한 초원인데 사막까지 끼고 있어 내비게이션은 당연히 없고, 지리를 아는 현지인 가이드가 있어야만 다닐 수 있는 나라였다. 내비게이션이 있다고 한들 초원 위에선 인터넷이 터지지 않았으니 무용지물이었을 거다.

 광활한 초원 위에 서 있으니, 지평선이 보이는 듯 끝도 없는 풍경이 눈에 들어왔다. 가이드는 저 먼 곳에서 말을 타고 달리는 유목민을 가리키며, 저 정도 위치에 있으면 여기까지 오는 데 반나절쯤 걸릴 거라고 알려주었다. 일행이 아닌 이상 사람 구경을 하기 힘든 몽골의 초원에서 드문드문 있던 휴게소는 사람을 구경할 수 있는 장소이자 신식 화장실을 쓸 수 있는 곳이었으며 간단히 끼니도 때우고, 무엇보다 인터넷을 할 수 있는 장소였다!

 아, 문명의 이기여⋯. 우리 셋은 휴게소에서

한국 유명 배우의 문란한 사생활을 낱낱이 보도한 가십 기사나 읽고 있었다. 대자연을 목전에 두고 현대인이 하는 일이란 게 이토록 하찮다.

칭기즈칸 초상화가 곳곳에 붙어 있던 몽골의 휴게소에서는 메로나 아이스크림을 한화 4천 원에 팔고 있었다. 몽골의 물가를 감안하면 상당히 비싼 가격이었다. 본질은 똑같은데, 어디에서 파느냐에 따라 가격이 다르다는 사실을 확인하는 것도 해외여행이 주는 즐거움 중 하나다.

몽골에서 나는 당시 운영 중이던(지금도 채널은 있다) 유튜브 채널의 구독자 40명 돌파 기념 감사 영상을 찍었다. 구독자 40명 중 지인이 38명쯤 되었지만…. 글로 적고 보니 대자연과 나란히 하기엔 참으로 껄끄러운 일들만 저지르고 다닌 것 같다.

그저 하늘을 온통 뒤덮은 보랏빛 노을을 앞에 두고 뭐라도 감사해야 할 것 같았으니까.

살면서 감사할 일이 많은데 한 번도 제대로 챙긴 적이 없었던 것 같았다. 모든 게 당연하다 여기면 당연한 것으로 보였으니.

딱히 아픈 곳 없이 하루를 무사히 보낼 수 있다는 거, 나를 아끼는 친구가 있다는 거, 마음을 담아 열심히 할 수 있는 일이 있다는 거, 건강하게 번 돈으로 맛있는 음식을 먹고 소화시킬 위장이 있다는 거. 하나하나 짚어보면 감사하지 않은 일이 없었다. 거대한 초원을 자유롭게 다니며 풀을 뜯는 말을 보면서 앞으론 사소한 일에도 감사함을 잊지 말자고 다짐했었다. 물론 그날 밤하늘을 수놓은 은하수를 바라보며 빌던 소원이라곤, 로또 1등 당첨이나 내 책을 유명 아이돌이 인스타그램에 태그해줘서 속전속결로 초대박이 나는 세속적인 미래였다는 건 공공연한 비밀이다.

나와 집주인은 칭기즈칸 박물관의 기념품 가게에서 몽골의 말이 사실적으로

그려진 지갑을 함께 샀다. 다른 품종보다
체격이 작은 덕에 훨씬 긴 거리를 지치지
않고 달릴 수 있었다는 몽골의 말, 그 말로
대륙을 정복했던 칭기즈칸의 기세를
이어받아 우리가 하는 일도 쭉쭉 뻗어
달리길 바란다는 뜻에서. 역시나 계산적인
욕망이 담뿍 담긴 결과물이었다. 사람을 한
명 죽이면 교도소에 가는데, 전 세계 인구의
4분의 1을 학살하면 박물관이 세워진다는 게
아이러니했지만, 피로 쓰인 역사가 어디 한
둘이랴.

○

　가끔 휴게소에서만 먹을 수 있는 자극적인
주전부리가 당길 때가 있다. 통통한 소시지에
머스터드 소스를 쭉 뿌려서 한 입 크게 깨물고
싶다, 바삭한 회오리 감자에 치즈 가루를 잔뜩

뿌려 와삭 씹고 싶다, 김이 펄펄 나는
알감자에 설탕을 잔뜩 뿌려 호호
불어먹고 싶다, 컵에 담긴 떡볶이를
한입에 털어 넣고 싶다….

  요즘 같은 시대에도 배달로
시켜먹을 수 없고 술 한 잔 걸친 채 갈 수도
없는, 오로지 맨정신으로 나만의 바퀴를
굴려야만 가닿을 수 있는 곳. 멀지 않지만
내 힘으로만 도착하기엔 현실적인 어려움이
존재하는 신선과도 같은 장소. 정작 가봐야 얼른
먹고 목적지로 떠나느라 머무는 시간이 길진
않지만, 언제나 그곳에 존재한다는 점만으로도
위로가 되는 곳.

  한 번도 목적지로 삼은 적 없으나
목적지에 가는 길에 반드시 들르게 되는
휴게소가 영원하기를. 언젠가 휴게소를
목적지로 삼고 긴 로드트립을 떠나보고 싶다.
그런 여유를 즐길 수 있을 때까지,

휴식 자체를 목적으로 삼는 삶을 실현할 수 있을 때까지 오늘도 나의 바퀴는 굴러가야만 한다.

치킨

네
멋대로
해라

세상에 치킨만큼 다양한 조합으로
먹을 수 있는 음식이 있을까.
부위도 내 마음대로,
소스도 내 마음대로,
사이드 메뉴도 내 마음대로.
브랜드도 워낙 많아서 모든 조합을 다 먹어보려면
평생을 바쳐도 모자랄 수준이다.
그래서인지 치킨 앞에서는
한없이 솔직해진다.
다양한 선택지 앞에서
내가 진정 원하는 바가 무엇인지
명확히 선택해야 하니까.
그리고 선택의 결과도
오로지 내 몫이다.
그러니 네 멋대로 해라!
단, 감당할 수 있는 선까지!

나는 치킨 앞에서 가장 솔직해진다. 제일 좋아하는 치킨 부위는 날개이고 그다음이 목, 다리 순서인데 이 중에서 뭘 먹을지 고민할 필요는 없다. 부위별로 골라 주문할 수 있으니까!

다만 목만 모아 놓은 상품은 잘 없기 때문에 보통 날개와 다리만으로 구성된 '윙봉 세트'를 자주 먹는다. 이것만으로도 어디냐. 게다가 반 마리별로 옵션을 다르게 선택할 수 있으니, 친구와 한 마리를 나눠 먹어도 각자 다른 맛을 골라 먹을 수 있다.

취향과 상관없이 메뉴가 정해지는 회사 생활에 지친 자들이여, 치킨 앞으로 모여라! 연장자의 입맛에 맞춘 식탁 앞에서 먹을 게 없어 애꿎은 반찬만 깨작거리던 이들이여, 치킨 앞으로 헤쳐모여라! 치킨이 우리를 구원할지니!

○

룸메이트와 처음 치킨을 시켜 먹었을 때 나는 배려 차원에서 다리를 양보하고, 좋아하지도 않는 퍽퍽한 부위로 배를 채웠다. 하지만 알고 보니 이 친구는 '퍽퍽파'여서 닭가슴살을 제일 좋아했다.

나는 솔직하지 못한 죄로 졸지에 친구가 좋아하지도 않는 부위를 양보랍시고 떠넘기고, 좋아하는 것만 쏙쏙 뺏어 먹은 꼴이 됐다. 치킨의 신이 또 한 번 나에게 가르침을 안겨준

순간이었다. 치킨 앞에선 자고로 솔직해야
한다고.

생각해보면 배려랍시고 취했던 행동이
남에겐 배려처럼 느껴지지 않을 때가 있으니,
한번은 오빠가 혼자 편의점에 갔을 때다.
전동휠체어를 타고 다니는 오빠를 보던 직원이
계산을 마친 후에 비닐봉투를 오빠의 목에
걸어줬다고 했다. 그의 입장에선 배려라고 한
행동이었으나 오빠에겐 상처로 남았는지, 다시는
그 편의점에 방문하지
않았다.

봉투는 휠체어 손잡이에 걸어도 충분했고,
스스로 그 정도는 가능한 동작이었는데 자기를
'너무' 장애인 취급했다는 게 오빠가 상처받은
지점이었다. 이 일을 반면교사 삼아 나도
누군가를 도울 일이 있을 땐 꼭 "도와드릴까요?"
하며 의사를 묻는다. 몰랐던 부분이 있다면
이렇게 배우면서 실천해나가면 될 일이다.

○

　요즘 나는 인간관계를 정리해나가는 중인데 원래도 사람을 폭넓게 사귀는 편이 아니었지만, 경찰관을 그만둔 이후에는 더욱 심해졌다. 가장 큰 이유는 체력 저하다. 이제 나는 나와 결이 아주 다른 사람의 이야기를 잠자코 듣는 게 불가능한 몸이 됐다.

　왜, 대화하다 보면 그런 생각이 들 때가 있지 않나. 나와는 관심사가 태초부터 다른 사람이 있다는 생각. 이 사람과는 아무리 많은 시간을 쌓아도 이야기가 겉돌기만 할 뿐 영혼이 가까워질 순 없겠다는 판단. 이렇게 '내 사람'이 되지 못할 바엔 체력을 아껴야겠다는 계산만 부쩍 빨라진다.

　직장 생활을 할 때는 회사 사람들 대부분이 나와 결이 달랐지만, 조직에 반드시 적응해야 했으므로 함께 부대끼며 어떻게든 맞춰 가야

했다. 그 시간에 대한 보상이라도 받고 싶은 것인지, 완전히 자유의 신분이 된 지금은 숨만 쉬어도 의중을 파악하는 친구와 1분이라도 더 함께하고 싶은 마음뿐이다.

프리랜서도 업무적으로 사람을 만나야만 하지만(오히려 내가 적극적으로 찾아 나서야 한다) 회사라는 물리적 공간을 벗어난 개념이어서, 이 정도는 충분히 감내할 만한 수준이다. 외려 즐거울 때가 많다. 나와 같이 책을 좋아하는 사람들, 좋은 문장에 감복하는 사람들이 모여 어떻게 하면 더 나은 책을 쓸 수 있을지 고민하는 게 지독히도 낭만적이다.

이렇게 편협하게 살다 보니 나만의 울타리 내부엔 정말 내가 멋대로 행동해도 되는 사람만 남았다. 물론 사회성을 전부 잃은 건 아니기에 대상을 불문하고 진짜 제멋대로 행동하며 난동 부리는 일은 없지만, 불편한 사람과의 약속이 생기면 전날부터 약속이 취소되기만을 바라며

끙끙 앓는다. 반면 편한 사람과의 만남을 앞둔 날에는 어린 왕자를 기다리는 여우처럼 만나기 전부터 설렌다.

치킨에서 목부터 집어 들어도 왜 그 부위를 좋아하냐고 묻는 대신 목만 모아 파는 곳이 없는지 검색해주는, 세상에서 가장 수상한 조합으로 먹더라도 네가 행복하다면 됐다며 작게 한숨만 쉬고 마는 나의 사람들을 만날 때 더욱 그렇다.

○

우리나라에서 치킨을 가장 많이 먹는 날은 한일전 축구 경기가 있는 날이겠지만, 그런 특수한 경우를 제외한다면 '복날'이지 않을까. 보통은 보양의 의미로 삼계탕을 먹지만, 집에서 간편하게 먹을 땐 치킨만 한 게 없다. 같은 닭이니 뜻만 통하면 되는 거지, 뭘!

부모님과 함께 살 땐 복날의 삼계탕이나 동짓날 팥죽 등을 다 챙겨주셨고, 그럴 때마다 이런 케케묵은 전통이 왜 있는 거냐며 투덜거리기만 했다. 하지만 부모님을 떠나 자취를 하고 보니 이상하게 그런 전통이 그리워졌다. 24개나 되는 절기를 모두 챙기긴 어렵지만, 복날만큼은 빼놓지 않고 기념하려 노력한다. 내 마음이 들리기라도 했는지, 룸메이트로부터 문자가 날아들었다.

"오늘 초복이라는데 치킨 먹을래?"

"완전 좋아! 집 가는 길에 포장해갈까?"

친구는 퍼석살을, 나는 쫄깃살을 좋아하니 이럴 땐 그냥 뼈 없는 순살로 한 마리 사면 해결된다. 나를 위해 같은 순살 치킨이어도 닭다리살의 비중이 높은 브랜드를 검색해주는 친구가 있으니 살맛 나는 세상이지 않은가. 물론 매운맛을 좋아하는 정도는 달라서 친구는 갈릭 소스를, 나는 핫칠리 소스를 추가할 예정이다.

키보드를 누르는 손가락이 빨라진다. 얼른 쓰던 글을 마무리하고 집으로 돌아가야지. 집 근처에는 맛있고도 저렴한 치킨집이 있으니, 그곳에 들러 생맥주도 함께 포장해야겠다. 생각만 해도 입에 군침이 돈다.

평생 이렇게 마음 내키는 대로 살고 싶다. 좋아하는 사람과 취향대로 음식을 공유하며, 당연히 즐거울 미래를 함께 이야기하는 것. 터무니없는 이야기일지라도 그저 긍정적인 전망을 한가득 해주는 것. 이게 내가 생각하는 최고의 어른스러운 멋이다. 치킨아, 기다려라. 내가 곧 간다!

공복

언제나
여기에
있어

매일 먹는 밥이 지겨울 때
딱 하루만 굶어보라는 얘기가 있다.
굳이 만 하루도 필요 없을 것이다.
반나절만 굶어도
어제 남긴 반찬이나
뜯지도 않고 버린 과자와 같은,
전생의 업보가 줄줄이 생각나기 마련이니까.
먹기 위해 사는 것 같은 일상에서
공복은 무슨 의미를 가질까.
당장 끼니를 거른 순간부터
번개같이 찾아오는 배꼽 떨리는 감각이
나에게 말한다.
매일 내게 주어진 걸
너무 당연하게 여기지 말라고.

사고 발생 당시 CCTV 영상을 보다가, 어딘가 익숙한 얼굴이 눈에 들어왔다. 설마 내가 아는 사람인가? 이름도 모르는데 왜 이렇게 낯이 익지? 화면을 반복해서 보다가 알았다. 영상 속 인물은 오늘 출근하자마자 봤던 시체 검안 사진의 주인공이었다는 것을. 그러니까 난 그 사람의 죽은 모습을 먼저 보고, 이후 살아 있는 모습을 CCTV로 본 것이다.

○

나는 반년에 한 번씩 고향에 간다. 10만 원이 넘는 기찻값과 6시간이 넘는 왕복 교통시간이 모두 부담스럽기 때문에 자주 가진 못한다. 회사에 다닐 땐 꼭 휴가를 쓰고 내려갔다. 그래야 적어도 4일은 머무를 수 있었고, 그 시간 동안 부모님과 고향 친구들을 번갈아 만나다 보면 시간이 금방 지나갔다. 그날도 늘 그랬듯 평범한 4일을 기대하고 내려간 터였다.

자정이 넘은 무렵, 난 영화〈어벤저스: 엔드게임〉을 보고 있었다. 한창 마블 영화를 정주행하던 시기였다. 타노스에 의해 사라졌던 영웅들이 부활했고, 세계 평화를 지키기 위한 전 우주적 전투가 막 시작되던 그 순간, 스마트폰에서 연신 메시지 알림이 떴다.

"사망자 다수 추정. 즉시 출동합니다."

팀 단체 대화방에 올라온 메시지였다. 이후 사망자 현황과 현장 상황 보고가 속속들이 이어졌다. 믿을 수 없는, 상상도 되지 않는 내용들을 보면서 나는 황급히 뉴스를 틀었다. 그때까지만 해도 뉴스에서는 사망자가 두 명뿐이라는 보도만 흘러나왔다. 무엇을 믿어야 할까? 한 가지 확실한 것은 세상을 구할 영웅 같은 건 없다는 사실뿐이었다.

 보던 영화를 끄고 밤새 뉴스를 봤다. 인간의 반을 날려버리겠다는 타노스의 존재보다 더 믿기 어려운 일이 그날 일어났다. 그날은 2022년 10월 29일, 핼러윈 데이를 앞둔 주말이었다. 서울 이태원에서 350여 명의 사상자가 발생한 참사가 벌어진 것이다.

○

 8년간의 경찰 생활 동안 비상소집 명령이 떨어진 건 그날이 처음이자 마지막이었다. 내가 속해 있던 과학수사팀은 새벽 시간에 현장 소집 명령이 떨어졌다. 하필 휴가 중에 거리도 너무 먼 곳으로 와버린 나는 소집에서 제외되었지만, 가만히 있을 수 없어 아침이 되자마자 팀장님께 전화를 드렸다.

"어차피 네가 와도 할 수 있는 일이 없어. 그냥 부모님과 시간 잘 보내다 올라와."

서울에 돌아오자마자 곧바로 현장 검증에 투입됐고, 한동안 뉴스에서는 현장 검증 중인 내 뒷모습이 자료 화면으로 송출됐다. 그렇게 많은 기자를 본 것은 처음이었다.

참사 현장에 도착한 취재진은 거대한 사다리를 설치한 뒤 층별로 올라가며 인간 탑을 이루었고, 그들의 손에 들린 카메라에선 쉴 새 없이 플래시가 터져 나왔다. 며칠이 지나자 취재진보다 더 많은 시민들과 종교인들이 현장을 찾아 추모 의식을 치렀다. 길을 오가던 행인들 역시 그곳에서 쉽게 눈을 떼지 못했다.

일을 하면서 많은 사건과 사고에 노출됐지만, 감정적으로 크게 동요한 적은 없었다. 결론적으로 나는 사건이나 사고의 당사자가 아닌 관찰자의 입장이었고, 언제나 살아 있는 사람이 가장 무섭다고 생각하는 편이었으니까. 산 사람은 나에게 해코지할 수 있지만, 죽은 사람은 말이 없다. 파출소에서 민원인을 대하는 게 너무 힘들었던 내가 낙방에도 굴하지 않고 거듭 과학수사팀을 지원했던 것도 같은 이유에서였다. 지금껏 해온 일은 산 사람의 막말과 행패에 비하면 아무것도 아니라고 생각했다.

하지만 그 생각은 틀렸다. 죽은 사람은 말이 없다고 생각했는데, 그 죽음은 끊임없이 묻고 있었다. 가령, 왜 이 많은 사람이 여기서 죽어야만 했는지. 정말 다른 방법은 없었는지. 누구도 책임지지 않는 이 상황이 맞는지.

서울이라는 대도시 한복판에서 압사 사고로 이렇게 많은 인원이 사망했다는 건 믿기 어려운 일이다. 핼러윈 데이를 즐기기 위해

모여든 젊은이 중 158명이 현장에서 사망했고,
부상자는 200여 명에 달했다. 한 명은 참사에서
생존했으나 트라우마를 극복하지 못하고
스스로 목숨을 끊었다는 게 언론을 통해 공개된
유족의 진술이었다. 이후 그 또한 공식 사망자로
인정받으면서 이태원 참사의 공식 사망자는 최종
159명으로 발표됐다.

○

 참사 순간을 기록한 CCTV 영상은 불쑥불쑥
나를 찾아왔다. 잊을 만하면 떠올랐고, 식탁 앞에
앉아 허기를 달래려던 상황에서도 뜬금없이
나타났다. 서서히 내 안에서 무언가 망가져 가는
느낌이 들었다. 타인의 죽음이 일상을 흔든 적은
처음이었다.
 현장 검증에 투입된 나는 검증 과정에
집중하기도 힘들었다. 경찰관으로서 자격

미달이었을지 모른다. 하지만 길거리에 한쪽만 남은 운동화들이 여전히 비명을 지르는 것만 같았고, 끊어진 시곗줄을 바라만 보아도 주인을 가늠하게 되는데, 모든 것이 끝난 고요한 현장에서 무형물을 지켜보는 게 이렇게 고통스러운 일인 줄 미처 몰랐다.

 아무것도 먹히지 않았다. 그렇게나 먹는 걸 좋아하던 나에게 먹을 수 없는 날이 생겼다. 10월이 가까워지면 그랬다. '입맛이 없다'는 표현은 가벼웠고, '입이 쓰다'는 건 다소 과장된 느낌이다. 그냥 의욕이 줄었다. 어떤 날은 평범하게 끼니를 챙겨도 쉽게 배탈이 났다. 인간은 너무 쉽게 죽고, 아주 작은 것으로 살아간다. 나는 그동안 내게 주어진 작은 것에 감사할 줄 모르고 더 큰 것만 바라보며 입을 벌리느라 자주 배탈이 났는지도 모른다. 그동안 너무 많은 걸 먹고 산 게 아닌가 하는 생각이 들었다.

 공복은 '배 속이 비어 있는 상태(空腹)'를

뜻하지만, '국가나 사회의 심부름꾼, 공무원(公僕)'이라는 뜻도 있다. 공복(公僕)의 처지에서 공복(空腹)인 날이 생긴 것이다.

 그러나 살아가야 하지 않은가. 살아야 기억하고, 살아야 위로할 수 있지 않은가. 공복은 단순히 굶는 것을 넘어, 새로운 무언가를 담기 위해 비우는 과정일지도 모른다. 지금 당장 채우기가 버겁다면 기존의 것을 비우는 것부터 시작해도 된다. 너무나도 압도적인 고통 앞에서 어쩔 줄 모르겠다면, 그저 시간이 지나가길 기다리며 지금껏 쌓아 온 사소한 것들을 헤아리기만 해도 된다. 일단 버텨야 그다음이 있을 테니.

 몸과 마음을 비우며, 무사히 살아온 날들을 위해 기도를 올려본다. 그리고 여전히, 삼가 고인의 명복을 빈다.

삼겹살

침묵마저
반찬이
되고

삼겹살은 다른 음식과 달리
사용하는 부위 자체를 부르는 말이다.
칼국수에 밀가루가 들어간다고
'밀가루면'이라 부르진 않는데,
삼겹살은 구워 먹어도 되고
국에 넣고 끓여도 되지만
굳이 원초적인 재료를 이름으로 부른다.
그것이 삼겹살이 주는 의미 아닐까.
어떻게 조리해서 먹든
본질이 자신임을 기억하라고.
사회가 정한 방향대로 굳이 가지 않아도,
오늘 내 기분에 따라
마음대로 조리해 먹을지언정
나 자신임을 잊지 말라고.

박찬욱 감독의 영화 〈올드보이〉에 불후의
명대사가 나온다.

"오대수는요. 말이 너무 많아요."

함부로 혓바닥을 놀린 오대수를 향해
평생의 복수를 펼치던 이우진의 일갈이다.
워낙 유명한 영화다 보니 이 대사도 아직까지
생명력을 잃지 않은 채 일종의 밈처럼 회자되고
있는데, 나한텐 평생의 좌우명과도 같은 말이다.
왜냐하면 나야말로 너무 많은 말을 하며 살았기
때문이다. 때로는 그동안 떠들고 다닌 죗값이
언젠가 돌아올 것 같다는 등골 서늘한 두려움까지

든다.

　　　내 머릿속에는 멈추지 않고 끝없이 재생되는 망한 영화가 다수 존재한다. 제목은 이렇다. 〈고대하던 그 사람과 술집에서〉, 〈선배가 시킨다고 솔직해지지 말기〉, 〈네 마음은 아무도 안 궁금해〉, 〈어차피 답장은 안 올 건데〉쯤이 되겠다. 하나같이 어색한 침묵을 참지 못하고 솔직하게 굴었다가 제작된 내 흑역사들이다.

　　　자기 전에 뭣도 모르고 쉽게 뱉었던 말이 기억나거나, 어색함을 극복하기 위해 아무 말이나 던졌다가 분위기가 더 엉망이 되었다는 걸 느낄 때마다 다짐한다. 꼭 필요한 말만 하자. 웬만하면 침묵을 지키는 사람이 되자. 어느 자리에 참석하든 제발 나서지 말자!

　　　돌에 새겨도 진즉 선명하게 새겼을 만큼 숱하게 한 다짐인데, 그럼에도 불구하고 나는 왜 매번 침묵하는 데 실패하는 걸까. 왜 감정에 휩싸여 나불대다가 집에 돌아와서는 밤새도록 이불을 뻥뻥 차며 머리를 쥐어뜯는 걸까. 입을 움직이는 대신 고개만 대충 끄덕여도 될 일에 한 문장 보태고 두 문장 호응하면서 후회할 일을 만드는 걸까.

○

　　삼겹살은 비 오는 날에 먹어야 한다는 인식이 있다. 그래서인지 날이 흐려지면 유독 삼겹살이 당기는데, 딱히 과학적인 이유가 있는 것 같진 않다. 삼겹살이 구워지는 소리가 비 내리는 소리와 비슷해서 그렇다는 이야기도 있고, 삼겹살 협회에서 매출을 올리기 위해 퍼뜨린 소문이라는 이야기도 있다. 미세먼지가 심한 날에 삼겹살을 먹으면 기름이 몸속의 먼지를 싹 내려준다는 이야기도 비슷한 맥락인 것 같다. 여하튼 '삼겹살'과 관련한 다양한 풍문은 그만큼 우리나라 사람들의 삼겹살에 대한 애정과 관심에서 비롯된 것이리라.

    침묵을 견디지 못해 아무 말이나 해버렸다가 매번 후회하는 나에게 삼겹살은 말이 필요 없는 메뉴다. 불판 앞에선 어쩐지 모두가 조용해진다. 약속이라도 한 듯 익어가는 고기에 온 신경을 집중한다. 삼겹살은 저 혼자 제법 수다스러운 음식이라서 지글지글 대는 소리만으로도 적막함이나 어색함이 끼어들 틈이 없다. 또 뜨거운 불판에서 구워질 때 익어가는 색을 잘 살펴야 하고, 중간중간 굽기 정도를 살폈다가 적당한 크기로 자르거나, 버섯과 양파 등 사이드 메뉴를 적절한 타이밍에 올렸다가 빼는 데 집중하다 보면 곧 고기가 익는다. 익은 고기를 한입에 넣으며 입안 가득 퍼지는 육즙에 감탄하면 그만! 그러니 나에게 삼겹살은 무슨 이야길 해야 하나 고민할 것 없이, 기꺼이 침묵을 허락받는 음식이기도 하다.

○

　한동안 러닝에 빠졌다. '힙한 젊은이'는 모두 러닝을 한다는 소문을 듣기도 했고, 어차피 운동은 해야 하니 나도 한번 시도해보자고 별생각 없이 탑승한 유행 열차였다. 그런데 유행 열차의 티켓이 얼마나 비쌌던지, 정신을 차려보니 각종 러닝 용품들로 가뜩이나 좁은 방이 미어터질 지경이었다. 물론 이 중에서 가장 비싼 건 '달릴 수 있는 곳'에 가는 일이었다. 내가 사는 동네 주변에는 달리기에 좋은 곳이 없었으니까.

　비좁은 인도에서 사람과 차를 요리조리 피해 다니면서 뛰고 싶진 않았다. 그래서 나는 매번 대중교통을 타고 한강으로 갔다. 나름 서울에 사는 사람으로서, 한강 정도는 가줘야 뛸 맛이 날 것 같았다.

　친구와 각자의 출발점에서 러닝을 시작한 후, 중간 지점에서 만나기로 하고 달렸다. 뛰는 순간만큼은 머리가 비워지고 아무 생각 없이 달릴 수 있어서 러닝을 좋아한다는 사람들이 많던데, 나는 오히려 그 반대였다. 한 걸음씩 내디딜 때마다 끊임없이 잊고 싶은 기억이 떠올랐다. 마지막 걸음에 이르러서는 그러게 왜 쓸데없는 말을 그리 많이 했느냐는 자책이 이어지면서, 러닝을 마칠 땐 땀과 눈물이 적절한 비율로 온몸에 흘렀다. 하지만 괴롭다고 멈출 수는 없었다. 만나기로 한 친구가 있었기에, 기어가는 한이 있더라도 일단 약속 지점까지는 달렸다.

    우거지상이 되어 만난 친구는 나와 똑같은 소리를 했다. 뛰는 내내 잡생각이 너무 많이 들어 힘들었다고. 나는 깜짝 놀라 나도 그랬다고, 그래서 우리가 친구로 지내는 것 같다며 잠시 웃었다.

    땀범벅이 된 상태로 우리는 삼겹살을 먹으러 갔다. 기름을 뺐으니 새로운 기름으로

채워야 한다는 기적의 논리였다. 무엇보다
침묵이 필요했다. 생각의 침묵이. 땀범벅인
차림새로 삼겹살집으로 향하는 걸음마다 '힙한
젊은이'와는 거리가 멀어지는 느낌이었다.

 친구와 함께 들어간 삼겹살집에서 직원분이
잘 썰린 고기를 들고 와 꽤 오래 구워주는 동안
우리는 한마디도 하지 않았다. 오늘의 달리기는
유독 힘들었고, 떠오른 생각이 너무 많아 각자
감정을 정리할 시간이 필요했기 때문이었다.

 힘든 와중에도 그 순간이 무척 좋았다.
지글지글 고기가 불판에서 익어가는 것을
바라보며, 이렇게 아무 말 하지 않아도 더 좋을 수
있는 친구가 곁에 있다니. 이런 인연을 두고 나는
왜 매번 기꺼이 초라해졌던가. 있는 그대로의
나를 받아들여 주는 친구를 바로 앞에 두고서.

 구워진 고기를 해치우고 된장찌개와
물냉면을 추가로 시켜 먹을 때까지 나와 친구는
별다른 대화를 하지 않았다. 침묵이라는 반찬을

12첩 정도 깔아두고 하는 식사는 나의 몸과 마음을 모두 살찌게 해주었다.

 '사회생활'이라는 이유로, '인맥'을 늘려야 한다는 강박으로 새로운 사람을 만날 때마다 나의 어설픔과 부족함을 직면했다. 하릴없이 꺼낸 말에 부지기수로 후회했다. 그때 느껴온 감정을 다 극복하긴 어려울 것이다.

 하지만 그 사이사이 언제까지나 침묵해도 괜찮은 인연을 만나며 치유받고, 또 같은 유형의 새로운 친구를 만나게 될 수도 있다. 그렇기에 나는 오늘도 삼겹살집으로 전진하려 한다. 힙한 젊은이는 되지 못할지언정 함께 될 친구를 만나 영혼이 튼튼한 어른이 되기 위해.

 잠깐, 삼겹살집이 아니라 러닝을 하러 가야 하는 것 아닌가?

달고나

부서질
걸
알면서도

길거리에서 발견한 달고나 판매점에서
저녁에 먹을 것 하나, 내일 먹을 것 하나,
두 개를 산다.
소중하게 집으로 들고 왔지만
이미 귀퉁이가 깨져버린 뒤.
사실 알고 있었다.
달고나를 온전히 집까지 가져오기란 무리라는 것을.
그럼에도 노엽지 않다.
부서진 달고나를 붙잡고
화를 내는 것만큼 어리석은 일도 없다.
부서진 조각조차 여전히
달콤하다는 걸 알기 때문에.

설탕을 녹인 다음 소다를 섞어 부풀린 뒤
누르개로 납작하게 만들어 그림을 찍어 완성하는
달고나. 소다를 정량보다 많이 넣거나 불에 조금만
더 익혀도 타기 쉬워 은근히 만들기 까다롭다.

넷플릭스 드라마 〈오징어 게임〉이
초유의 흥행을 일으킬 때, 시중에 파는 달고나
대부분에는 드라마에 등장했던 우산 모양이
찍혀 있었다. 하루는 호감을 갖고 있던 친구와
길거리에서 재미 삼아 달고나를 하나씩 샀는데,
그는 우산 모양, 나는 하트 모양의 달고나를
골랐다. 뾰족한 핀으로 원하는 모양이 만들어질

때까지 달고나에 찍힌 모양을 콕콕콕 찔렀다. 핀 끝에 침까지 묻혀가며 찌르면서도 떨어져 나가는 부분에 신경 쓰기보다, 원하는 모양을 위해 완벽하게 파편을 분리하는 데 집중한다는 면에서 달고나는 제법 잔인한 놀이다.

형법에서 '미필적 고의'란, 어떤 행동을 할 때 특정 결과가 발생할 가능성을 예상했음에도 그 행동을 한다는 뜻이다. 달고나는 부서짐에 대한 미필적 고의가 확실히 예상되는 과자다.

사랑이 뭐냐고 묻는다면, 달고나 같은 것 아닐까. 이로 인해 아플 거란 걸 알면서도 불나방처럼 뛰어드는 일. 일말의 달콤함은 있겠으나 설탕과 소다의 균형을 잃는 순간 쓴맛이 훅 올라오는, 금방 불타버리다 연기만 자욱해지는 그런 일. 쉽게 부풀었다 쉽게 부서지는 일.

나는 하트를 파내는 데 성공했고, 그 친구의 우산은 쪼개지고 말았지만 결말은 같았다. 둘이서 쓰던 우산을 혼자 쓰게 됐고 하트는

쪼개졌지만, 사랑이 사라졌다기보다 그 대상이
바뀌었을 뿐이다. 싱겁게도 그게 전부였다.

○

　한 남자가 아파트에서 투신했다는 신고를
받고 출동한 날이었다. 남자는 아파트에 거주하던
사람이 아니었다. 거주민이 아닌 사람이
일면식도 없는 아파트나 건물에서 투신하는 일은
생각보다 많다.
　그는 투신한 곳에 자신의 소지품을 보란
듯 펼쳐두었는데, 한참 전에 헤어진 여자친구가
사귈 때 선물했던 편지와 좋았던 날 함께 찍은
사진들이었다.
　죽은 남자를 검안하는 동안 유심히
생각했다. 무엇이 당신을 부서지게 만들었는지.
언젠가 관계가 부서질 걸 알고도 하는 게
사랑이라지만, 형사에게 진술 조서를 받는 동안

계속 눈물을 흘리던 전 여자친구를 보며 이건 사랑이 아니라고 확신했다. 사랑은 사람을 살게 하는 것이지, 죽게 하는 게 아니니까. 사랑이 지나간 자리에 거대한 균열만이 남았을 뿐이다.

　내 방엔 달고나 하나가 쏙 들어가는 사이즈의 OPP 봉투가 수백 장 있다. 달고나를 좋아하던 친구에게 평생 만들어 포장해줄 요량으로 도매숍에서 500장짜리 한 묶음을 샀던 탓이다.

　봉투를 반도 쓰기 전에 그 친구와는 영영 멀어졌다. 하지만 멀어졌기 때문에 봉투를 다 쓰지 못한 건 아니다. 가까웠던 순간에도 나는 매번 달고나를 만들어 선물할 여력이 없었고, 그 애가 영원히 기다려줄 줄 알았기에 늘 느긋하게 굴었다.

　아무리 예쁘게 포장해도 결국 부서지고 마는 달고나처럼 최선을 다한다고 영원할 수 없는 게 사랑이고 관계임을 알지만, 나는 언제나 그 모든 것들이 영원할 거라 철석같이 믿었다.

부서질 걸 알면서도 과감하게 뛰어드는 대신
영원히 부서지지 않으리라 믿으며 태평하게 구는
건 얼마나 한심한 일이었던가.

○

　나는 10대 후반부터 20대 중반까지 시를
열렬히 사랑했다. 그중에서도 내가 숱하게
필사하고 외웠던 건 기형도 시인의 시 〈질투는
나의 힘〉이었다.

　나의 생은 미친 듯이 사랑을 찾아 헤매었으나 /
단 한 번도 스스로를 사랑하지 않았노라.

　10년에 걸쳐 사랑한 이 문장은 많은 밤
나를 살게 한 원동력이었다. 때론 이 문장이
나를 채찍질하는 것 같았고, 완전히 무너진 어느
날에는 지금이야말로 너 자신을 사랑할 때라며

위로해주는 것만 같았다. 몇 줄의 문장으로 수명을 연장한 나는, 28세라는 젊은 나이에 사망한 기형도 시인보다 4살 더 먹은 누나가 되었다. 죽어서도 누군가를 살릴 수 있다니. 그 사랑의 힘을 나는 종교처럼 믿고 싶다.

　　사랑이 달고나와 같다면, 사랑으로 말미암아 살아가는 인간의 삶도 달고나와 마찬가지 아닐까. 부서질 걸 알면서도 움직이는 것. 닳는 걸 알면서도 마음을 전달하는 것. 그렇기에 달고나는 달콤하면서도 쌉쌀한, 따듯함에 녹기 쉬우면서도 차가울수록 단단해지는 호흡이다.

　　서랍에서 남아도는 OPP 봉투에 매일 쓰는 손 소독 티슈와 인공눈물 따위를 넣고 가방에 담았다. 얼른 집 밖으로 나가야 했다. 미친 듯이 사랑을 찾아 헤맬 수 있도록. 그다음엔 스스로를 조금 더 사랑할 수 있도록.

불닭볶음면

나의
꿈도
불닭볶음면처럼!

2024년 3월 착공을 시작해
2025년 6월 완공한
밀양 2공장까지 합하면,
삼양식품에서 생산하는
불닭볶음면의 연간 생산량은 약 28억 개라고 한다.
전 세계 인구가 82억 명을 넘어선 지금,
숫자로만 따져본다면 매년
전 세계 인구의 약 30%가 먹을 수 있는 양이
생산된다는 의미다.
이쯤 되면 지구인의 주식은
불닭볶음면이라 해도
무방하지 않을까?

'두유노클럽'을 아는가? '두 유 노(Do you know?)'란, 외국인을 만난 한국인이 '당신도 한국의 이걸 아느냐'고 묻는 데서 비롯된 말이다. 시쳇말로 '국뽕'을 표현하는 말이라 하겠다.

두유노클럽의 유구한 멤버로는 김연아, 손흥민 등으로 대표되는 운동선수들이 있다. 최근에는 K-팝과 K-컬처의 흥행으로 BTS, 블랙핑크와 같은 아이돌 그룹 혹은 노벨문학상을 수상한 한강 작가와 넷플릭스 드라마〈오징어 게임〉도 큰 지분을 차지한다. 그러나 나는 태국 푸껫의 국제공항에서 '불닭볶음면'이 선명하게 인쇄된 노란 양말을 신은 외국인을 마주하고서, 현재 두유노클럽의 대장은 불닭볶음면이라 확신했다.

처음 불닭볶음면을 먹었을 때의 기억을 잊을 수 없다. 이름처럼 매울 거라 짐작은 했지만 그렇게 매운 줄은 몰랐다. 한 입 먹으니 혀가 마비되고 눈물이 쏙 빠져서 면보다 우유를 더 많이 마셨다. 미각이 아닌 통각을 자극하는 맛이었다. 내내 배탈에 시달렸던 후유증은 덤이었다.

다시는 이 극악무도한 음식을 먹지 않겠다고 다짐했건만, 인간은 역시나 적응의 동물인가 보다. 어쩌면 고통은 모조리 잊고, 맛만 떠올린다는 점에서 망각의 동물에 더 가까운지도 모른다. 이상하게 스트레스를 심하게 받은 날이나 기분이 잔뜩 가라앉은 날에 불닭볶음면이 떠올랐다. 분명 다시는 쳐다도 보지 않겠다 결심했는데…. 에라 모르겠다, 땀을 뻘뻘 흘리며 불닭볶음면을 먹고 난 후에는 무언가 해소되는 기분을 느꼈다.

이후 기분에 따라 까르보 불닭볶음면, 크림 불닭볶음면, 최근의 마라 불닭볶음면까지 종류별로 섭렵했다. 물론 튜닝의 끝은 순정이란 말처럼, 결국 갖가지 맛을 섭렵한 끝에 가장 즐겨 찾게 된 것은 오리지널 불닭볶음면이지만 말이다.

○

최근 영국으로 유학을 다녀온 후배를 만났다. 그가 큰 목소리로 처음 뱉은 말은 이거였다.

"언니! 외국 사람들 한국말 진짜 잘해요! 런던 한가운데서 블랙핑크 노래가 나오고 파리 시민들이 저한테 한국말로 인사한다니까요?"

말도 안 된다며 툴툴거리는 내게 후배는

답답하다는 듯 가슴까지 두드리며 읍소를 이어갔다.

"진짜 국뽕 아니고 현실이라니까요, 현실!"

프랑스에서 제2외국어로 한국어를 선택하는 학생들이 많아 한국어만으로도 어지간한 사람과는 무리 없는 소통이 가능했다는 게 후배의 설명이었다.

세상에 이런 날이 오다니. 전 세계 100여 개국에 수출되는 불닭볶음면처럼, 내 책도 한국과 한글의 흥행에 힘입어 곧 전 세계 판권 수출로 이어지는 것 아닐까? 최고급 그래픽카드와 메모리를 장착한 것마냥 머릿속에선 행복한 상상이 쉬지도 않고 4K 화질로 출력되기 시작했다.

상상의 시작은 내가 낸 책 중 한 권의 판권이 영미권으로 팔리는 것이다. 재밌게 읽은 독자들 사이에서 입소문이 퍼져, 내 글의 잠재력을 알아본 발 빠른 출판사에서 앞다투어 아직 계약이 되지 않은 나머지 책들의 판권을 사들이겠지. 그러다 소설 한 권이 넷플릭스 드라마로 제작되고, 오타니마냥 연타석 흥행 홈런을 치는 것이다. 결국 나는 각국의 출판사들이 섭외하고 싶어 하는 작가가 되어 앞으로는 책 판매에 대한 걱정이 없어질 것이고, 기어코 원하던 '쓰기만 하면 되는 작가'가 된다!

    온라인 판매지수를 실시간으로 검색하며 좌절할 필요 없이, 판매 부수보다 반품 부수가 많아 마이너스만 찍힌 정산서를 받아들고 아르바이트 자리를 검색할 필요도 없이 그저 쓰기만 하면 되는 작가! 이 얼마나 기쁜 일인가!

    세계적인 흥행으로 나는 각종 국내 TV쇼에도 섭외 요청을 받는다. 우선 작가라면 누구나 나가고 싶어 하는 토크 프로그램 〈유퀴즈〉에 출연해 경찰공무원이었다가 작가가 된 색다른 이력을 소개하며 팬층을 확보하고, 교양 프로그램의 고정 패널이 되어

방송에서도 입지를 넓힌다(하하하하!). 독특한 사투리의 매력 덕분에 교양을 넘어 예능 프로그램까지 섭렵하는데, 왠지 모르게 연애 리얼리티 프로그램의 패널로도 잘 어울린다는 평을 받는다. 이어 개인 유튜브 채널까지 개설하지만 많은 사람의 예상과 달리 책이 아닌 일상 브이로그 채널로 운영함으로써 팔색조 매력을 마음껏 뽐낸다. 룸메이트와 재미나게 서울살이를 하는 일상을 가감 없이 보여주지만, 라이브 스트리밍은 하지 않고 댓글로 활발히 소통하면서 독자층을 계속 붙잡는 데 성공한다. 오히려 유튜브를 보고 내 책을 읽게 된, 새로운 유입층까지 만들어내며 베스트셀러 매대의 공무원이 된다. 가끔은 재미있게 읽은 책을 추천하는 영상을 찍어 그 책이 잘 팔리도록 돕기까지 한다. 모두가 이 책의 진가를 알아줬으면! 영화평론가 이동진님을 뺨치는 구매력까지 갖춘 한국 출판계의 셀럽이 되는 것이다.

　　마지막엔 내 이름을 딴 책방을 만들어 복합 문화 공간으로 꾸밀 것이다. 이벤트성으로 일일 책방 점원으로 일하기도 하고, 휴일엔 소외 계층과 함께하는 프로그램도 고안하여 진정으로 모두가 함께하는 독서 방향을 제시하며 사회적인 명소로 자리 잡는다. 이 활동의 성과를 인정받아 결국엔 문화체육관광부 장관까지 역임하게 되니 그야말로 화려한 인생이라 볼 수 있다. 그때쯤 되면 나도 두유노클럽의 일원이 될 수 있으려나? 불닭볶음면과도 컬래버레이션 상품을 출시하는데, 내 책 속 문장 한 줄이 박힌 불닭볶음면이 나오거나 후레이크의 모양이 '원도'라는 글자로 제작되는 것이다!

　　…여기까지 글을 쓰고 나니 해가 중천에 떴다. 모니터 화면이 빛에 반사되어 도리어 화면에 내 얼굴이 비치는데, 입을 가로로 길게 찢어져 웃고 있는 모습이 낯설다. 글을 쓰면서

이렇게 활짝 웃던 때가 또 있었을까.

○

그토록 나가고 싶은 〈유퀴즈〉에 불닭볶음면을 개발하신 분이 출연하셔서 말씀하시길, 지금까지 판매된 불닭볶음면의 면 길이를 다 합치면 지구와 달 사이를 101번 왕복할 수 있는 거리라고 했다. 2022년 방송에서 한 말이니 몇 년이 더 지난 지금은 훨씬 더 많은 판매량을 쌓았을 것이다.

내가 만든 물건이 그렇게나 팔린다는 건 어떤 기분일까. 내가 쓴 책을 일렬로 붙이면 지구 몇 바퀴를 돌 수 있다니…. 그런 순간이 현실로 펼쳐지면 나는 어떤 표정을 지으려나.

영화 〈맨 프롬 어스〉에서는, 시간이란 '앞뒤로 놓인 풍경'이란 대사가 나온다. 우린 그 풍경을 조금씩 옮겨가는 것뿐이라고.

주위를 둘러본다. 나를 감싸고 있는 풍경은 어떤 모습인가. 작업실 대신 스터디 카페로 출근 도장을 찍는 나의 아침에는 다양한 풍경이 뒤섞여 있다. 시장 상인들은 이제 막 점포 열 준비를 하고, 노상의 채소 가게에서는 공수해 온 박스를 열며 채소를 보기 좋게 진열한다. 분식집에서는 보글보글 끓기 시작한 떡볶이가 오감을 자극한다. 군것질의 유혹을 참아내고 묵묵히 걸어 도착한 스터디 카페. 사람이 좀 적으면 평일이고, 많으면 주말이다. 다들 어떤 일을 하고 있는지 궁금하지만 차마 말을 붙이긴 어렵기에 자리를 고르고 앉는다.

노트북을 편다. 어제 못다 한 글이 매듭지어지길 기다리고 있다. 다시 읽어보니 억지로 매듭을 묶을 게 아니라 처음부터 올을 모조리 푼 다음 다시 얽는 게 나은 글이다. 눈물을 머금고 코가 나가 삐뚤빼뚤한 글을 지운다.

빈 종이에 연필로 오늘의 목표를 쓴다. 옳은

길로 가고 있다는 확신이 든 적은 없다. 다만 매일 반복되는 이 풍경이 언젠가 확신을 가져다줄 거란 확신을 하며 오늘도 글을 쓴다. 아무렴, 나의 롤 모델은 불닭볶음면이다.

샤부샤부

끓어라,
마지막
순간까지

언제 들어도 가슴을 설레게 하는
사부사부 육수 끓는 소리.
재료를 넣고
한 번 끓었을 때의 국물은 좀 싱겁다.
재료의 순환이 두 바퀴쯤 이루어졌을 때의 국물은
아직 아쉽지만, 고지가 멀지 않았음을 알린다.
국물이 가장 맛있는 순간은
단연코 식사 자리를 끝내고 일어서려는 순간,
그 최후의 것!
국물이 싱겁다고 투덜대지 마라.
너는 한 번이라도
마지막 순간까지
끓어본 적이 있더냐.

집에서 밥을 해 먹기 귀찮거나, 뭔가 특별한 음식이 먹고 싶을 때 무작정 집 밖으로 나설 때가 있다.

'오늘은 어떤 맛있는 음식을 먹어볼까?'

매번 깊은 고민에 빠지지만, 고민한 시간이 무색하게 십중팔구 들르는 곳이 바로 1인 샤부샤부 매장. 맛있고, 든든하고, 혼자 먹기 편해 나도 모르게 백이면 백 샤부샤부 가게로 향하게 된다.

샤부샤부 육수가 보글보글 끓어오르면 일단 야채부터 투하한다. 양파와 버섯을 넣어 육수 맛을 더욱 풍부하게 만들고, 배추와 청경채, 숙주를 넣어 익힌다. 부드럽게 익은 야채를 건져 먹으며, 얇게 썰어진 소고기를 살짝 데쳐 먹는다. 따뜻한 야채와 잘 익은 소고기의 궁합은 말할 것도 없다.

     건더기를 적당히 건져 먹고 난 후에는, 칼국수를 넣고 푹 익힌다. 아직까지 탄수화물을 먹지 않았으니 이제야 본격적인 식사의 시작인 셈. 쫄깃한 칼국수 면을 후루룩 넘기고 나면, 이제 자작하게 남은 육수에 파, 김과 계란을 넣고 한국인의 디저트인 죽으로 마무리.

     천천히 준비된 재료들을 익혀 먹고, 국물이 졸아들 때마다 다른 맛을 선사하는 샤부샤부는 내가 가장 좋아하는 음식 중 하나다. 그중에서도 제일 맛있는 순간은 야채와 고기가 육수에 충분히 우러난 마지막 국물. 어쩌면 그 한 숟갈을 뜨기 위해 나는 수고로운 샤부샤부를 먹는지도 모른다.

○

　　발바닥이 비명을 지르고 심장이 터지기
직전, 목이 탈 것 같지만 절대 멈출 수 없다.
아직 결승선에 도착하지 못했기 때문이다. 이젠
내가 다리를 조종한다는 감각마저 상실한 채
최대한 생각을 비우고 무지성으로 몸을 이끈다.
하필 마지막 구간에 경사가 심한 언덕이 있어서
당장이라도 주저앉고 싶지만 여기까지 온 게
아깝다는 생각에, 아니, 그냥 아무런 생각일랑
하지 않으려 노력하며 앞만 본다. 생각이
많을수록 발걸음이 무거워지니 생각 자체를
회피하며 달린다.

　　곧 결승선, 주변에 서 있던 사람들이 응원의
목소리를 높인다. 기록 단축을 위해 온 힘을 짜내
막판 스퍼트를 올린다. 내 것이 아닌 것 같은
팔다리를 열심히 흔들며, 과연 이들이 내 몸에
붙은 것이구나 재확인하며 드디어 결승선에

골인!

　　　내 인생 최초의 10km 마라톤 완주였다. 결승선에 주저앉아 숨을 헐떡이며 맞이한 휴식은 마치 샤부샤부의 마지막 국물처럼 그 어느 때보다 달콤하고 황홀했다.

　　　나는 '운동을 잘할 것 같다'라는 이야기를 굉장히 많이 듣는다. 한때 머리가 짧았을 때는 체대 출신이냐는 질문도 많이 받았다. 하지만 이런 기대가 무색하게도 나는 운동을 정말 싫어한다. 그러면서도 해본 운동은 많다. 경찰이라는 직업을 경험한 탓도 있다. 나를 지키기 위해 이왕 해야 하는 거라면 조금이라도 내게 맞는 걸 찾아야 한다고 생각했다. 그리고 그런 시간으로 오래 살다 보니, 즐기지는 못해도 안 하면 불안한 지경에 이르렀다.

　　　헬스는 내가 가장 오래 한 운동이다. 한 집 건너 헬스장이라 해도 무방할 만큼 많은 업체가 있어 접근성이 좋고 가격도 합리적인 운동이 바로 헬스다(물론 퍼스널 트레이닝의 가격대는 천차만별이지만). 그런데 헬스의 치명적인 단점이라면 너무나 지루하다는 점이다. 매일 똑같은 웨이트 트레이닝과 유산소 운동, 다양한 머신을 활용해도 별다른 색다름을 느끼기 어려웠다. 혹자는 몸이 변하는 재미를 느껴보라고 조언해주기도 했는데, 식단을 병행하지 않다 보니 몸의 변화도 미미한 수준이었다.

 그래서 다음으로 선택한 운동이 바로 필라테스인데, 1년 넘게 일대일 수업을 받으며 개인적으로는 효과가 가장 좋다고 느꼈다. 비틀어진 골반이 제자리를 찾거나, 근육이 있는 줄도 몰랐던 부위가 당기는 느낌이 매번 새로웠다. 하지만 기구 수업을 받았기에 혼자 집에서 해볼 만한 동작이 많지 않았고, 무엇보다 (아주 개인적인 이유이지만) 맨발을 노출해야 하는 것도 싫었다. 필라테스 양말을 신고 다니긴 했지만, 이러나저러나 싫긴 마찬가지였다.

이후에는 사회인 야구를 하면서 투수와
내야수, 외야수 포지션을 두루 거쳤다. 글로
써놓으니 거창해 보이지만 매일 참석자가
달랐던지라 그때그때 빈자리를 채웠을 뿐이다.
야구도 개인 레슨을 구해서 반년 가까이 훈련을
받기도 했는데, 레슨 자체는 재밌었다. 공이 잘
맞을 때 울리는 시원한 타격음도 좋았고, 갈수록
강해지는 어깨 힘을 확인하는 것도 즐거웠다.

　　　하지만 야구는 혼자 할 수 없는 운동이다.
하다못해 캐치볼을 하려 해도 한 명이 더
필요하다. 친구를 떠올릴 때 한 손만으로 충분히
꼽는 얄팍한 인간관계를 가진 나로서는, 8명을 더
구해야 하는 야구는 불가능의 영역이었다.

　　　그리고 팀 스포츠가 으레 그렇듯, 사회인
팀을 들어간다고 해도 팀마다 정해진 규율이
엄격해서 단순히 취미로만 지속하기엔 어려움이
있다. 참석률을 포함해 팀 활동 전반에 얼마나
적극적으로 참여하는지가 중요한데, 교대근무를

하는 나로서는 스케줄 맞추기가 쉽지 않았고 무엇보다 차를 팔고 나서는 참석 자체가 어려워졌다. 생각해보시라. 선수들이 경기하는 야구장 말고, 사회인들이 사용하는 야구장을 본 적이 있는가. 그런 야구장은 대부분 도보로는 접근하기 어려운, 도심과는 상당히 거리가 떨어진 교외에 자리 잡은 경우가 많아 차가 필수다. 또 훈련 때 사용하는 개인 짐도 많아서 차를 팔고 나서는 아예 발길을 끊었다. 비싸게 주고 산 글러브도 어디 갔는지 찾을 수가 없다.

그러고 나서 시작한 게 러닝, 즉 달리기다. 달리는 일은 운동화만 있으면 가능할 거라 생각했지만, 막상 해보니 러닝에서 진정으로 필요한 건 안전하게 달릴 수 있는 길이었다. 인구 밀집도가 여느 도시 평균치를 상회하는 서울에서는 쭉 달릴 수 있는 평지를 찾는 것부터가 무리였다.

운동화를 고르는 일도 예삿일이 아니었는데

무슨 기능이 그렇게들 많은지, 가격이 비싸서
신중하게 구입해야 했다. 게다가 달리기에
최적일 거라 생각했던 한강 공원에 사람은
어찌나 많은지. 달리는 사람과 자전거 탄 사람,
걷는 사람을 모두 피하며 달리기엔 한갓진 러닝
코스가 아닌 서바이벌 코스처럼 느껴졌다. 이쯤
되니 생활 체육에 장애물이 많은 건지, 내가
유달리 핑계가 많은 비겁한 인간인지 헷갈릴
지경이다. 아마도 후자가 정답일 것 같지만 굳이
따지진 않기로 한다.

○

　　러닝을 시작하며 한국의 무라카미 하루키가
되어보겠다는 야심 찬 포부도 있었다. 나도
하루키처럼 세계 곳곳에서 열리는 마라톤에
참가도 해보고 달리기와 관련된 책을 써서
베스트셀러를 만들어보겠다는 장밋빛 꿈도

꿨지만, 직접 달려보고서야 모두 허상이었음을 깨달았다.

자작한 샤부샤부 국물이 무섭게 부글부글 끓는 것처럼 달리는 내내 별별 생각이 꼬리를 물고 이어졌다. 분명 접수할 때만 해도 러닝에 진심이 되어보자는 마음이었는데, 마라톤 결승점을 통과하자마자 나는 이것이 마지막 러닝이라는 말만 뱉고 있었다. 내 인생에서 러닝은 이제 여기까지. 마지막까지 치열하게 끓어보았기에 아무런 후회도 없다.

간혹 좋은 글을 읽고 나서 감정이 펄펄 끓을 때가 있다. 제아무리 펄펄 끓는 샤부샤부라도 불을 끄면 사그라들기 마련. 식기 전에 이 감정을 글로 풀어내야 하는데 내가 가진 언어가 얄팍해, 김이 완전히 사그라들 때까지 적절한 문장을 완성하지 못할 때가 많다. 하지만 샤부샤부 가게에선 다행히 언제든지 요청만 하면 추가로 육수를 부어준다. 넣고 끓어라! 최후의 순간까지!

글을 쓸 땐 항상 마무리 한두 문장이 가장 난항이다. 이 글도 마찬가지다. 뭐라고 마무리해야 할까? 여러분들은 부디 잘 맞는 운동을 찾길 바랍니다? 샤부샤부가 먹고 싶다? 마지막 육수를 부을 때까지는 언제나 최후가 아니니 한 발자국 정도의 여유를 두고 최선을 다해라? 어째 글이 점점 지저분해지는 듯하다.
　　모르겠다면 그냥 인덕션을 최고 온도로 설정하고 육수부터 붓자. 푹 끓여진 육수에 넣어 먹는다면 뭔들 맛이 없을까!

마라탕

비로소
완벽한
조합

마라탕을 만들 때

가장 중요한 건 커다란 그릇도,

더 많은 재료도 아니다.

한정된 재료를 가지고

어떻게 완벽함을 끌어내느냐에 대한 연구다.

내 입맛에 딱 맞는

완벽한 조합을 찾는다면,

모든 스트레스를 날려줄

매움의 카타르시스가 찾아오리라.

음식을 만들기 위해 레시피를 찾다
보면, 만드는 사람마다 조금씩 다른 방식으로
요리한다는 걸 알 수 있다. 한 가지 요리에 만
가지 레시피가 존재한다는 건 언제나 신기하다.
사람들은 어떻게 이 재료와 저 재료를 합칠 때
최상의 맛이 나온다는 걸 알았을까? 그 관점에서
본다면 인생을 과연 마라탕에 비유할 수 있을
듯하다.

　　언젠가부터 대한민국을 강타한 마라 열풍에
나는 뒤늦게 합류했다. 즉석 떡볶이나 탕후루같이
한철 유행하는 음식을 잘 선택하지 않는 편이라

그렇다(먹는 것에나 인생이나 참 한결같다). 물론 뒤늦게 빠져버린 탕후루의 경우, 이제는 그 열기가 식어서 우후죽순 생겼던 가게가 줄줄이 사라지면서 맛볼 수 있는 곳이 급격히 줄었다. 애정하던 유행의 쇠락을 보는 건 꽤나 슬픈 일이다.

  반면 마라탕은 그 인기가 제법 오래되어 여전히 다루는 가게가 많고, 마라탕을 파는 곳이 아니어도 양꼬치 집에서 마라양꼬치를 파는 식으로 마라맛 메뉴를 파는 곳이 많다. 과연 이제는 한철 유행을 넘어 'K-마라'라는 독립적인 음식 영역이 생긴 것처럼 느껴질 정도다. 내 입장에서 가장 환영할 만한 일은 마라맛 육수가 생겼다는 것이다.

  마라탕의 핵심은 무엇인가? 혹자는 입안을 얼얼하게 만드는 마라 소스의 완벽한 타격감을 말할지 모르나, 나는 내 마음대로 재료를 골라 담을 수 있는 자유라고 단언한다. 보통 요리는 사장님 마음인데, 마라탕은 손님인 내 마음인 것이다. 물론 조합이 어색하거나 무언가 부족할 때도 온전히 내가 책임져야 하지만 말이다.

집 근처에 맛있는 마라탕 가게가 있어서 나와 룸메이트는 그곳을 자주 찾는다. 얼마나 자주 갔는지 그릇에 담은 재료 양만 보고도 가격을 맞추는 지경에 이르렀다. 대부분의 마라탕 가게는 재료의 무게에 따라 돈을 받는데, 단골집에서의 내 목표는 언제나 1만 1천 원이다. 처음 마라탕에 맛 들이던 시기에는 매번 재료를 욕심껏 담아 1만 8천 원에 육박하는 가격을 결제했는데, 지금은 1만 1천 원에서 1만 3천 원 사이면 기분 좋게 배가 부를 정도라는 걸 안다.

무엇을 얼마나 스스로 감당할 수 있는지, 내가 가장 원하는 게 뭔지 모른 채, 좋아 보이면 무작정 때려 넣던 시절이 있은 후에야

비로소 적절한 균형으로 살 수 있다는 인생의
진리를 깨달았달까. 맥시멀리스트의 시절을
거쳐야 진짜 필요한 것만 남기며 살 수 있는
미니멀리스트로 진화하는 것처럼 말이다.

    1만 1천 원어치가 나에게 적당하다는 걸
알게 되기까지 나는 온갖 재료를 쑤셔 넣어왔다.
맞지 않는 자리임에도 꾸역꾸역 참석해서
뒤탈을 만들었고, 결이 다른 사람이었음에도
인맥을 넓혀야 한다는 일념으로 억지로
인내했다. 지지부진한 처지에 그놈의 인맥이
대체 뭐라고! 좋아하지도 않는 재료들끼리
한데 넣고 팔팔 끓였다 얼얼한 매움에 눈물만
쏙 뺐을 뿐, 결국 남는 건 행복한 포만감이 아닌
복통이었다.

    하지만 이것도 직접 경험해봤기 때문에
깨달을 수 있었지, 해보지 않았다면 여전히
먹어볼까 말까를 끊임없이 고민하며 집게를 들고
서성거렸을 것이다.

○

　　살면서 해본 많은 '짓' 중 나에게 가장
맞지 않았던 건 화장이었다. 요샌 학생들도
풀메이크업을 하는데 성인이라면 당연히 해야
한다, 화장은 사회생활을 할 때 예의다, 나이
들수록 얼굴이 칙칙해지니까 뭐라도 찍어 발라야
한다는 말을 평생 들으며 살았다. 용돈을 털어
화장품을 사고, 영상을 보며 화장법도 공부했지만
화장한 내 얼굴은 늘 어색했다. 그럴수록 화장이
잘 됐다거나 예쁘다는 말을 듣기까지 돈과
시간을 써야만 한다는 게 아까웠다.
　　　누굴 위해서? 분명한 건 이 행위는
나를 위한다기보다 남들을 위하는 일이었다.
여성이기에 더욱 요구되는 일이기도 했다.
사회생활을 해야 하는 나로서 화장을 하지 않기로
결심하기란 쉽지 않았는데, 사실 '결심'한다는
자체도 어불성설이다. 여성을 억압하는 코르셋에

반대하기 위함과 같은 거대한 포부가 있어서라기보다 그냥 내가 싫고 귀찮았으니까. 그게 다였다.
거룩한 뜻 없이 행동했다는 부끄러운 고백이지만, 이 결정은 나를 내내 자유롭게 해주었다.

○

인간이 생명을 유지하는 데 꼭 필요한 걸 필수재라 한다. 이를테면 먹고 자고 배설하는 것. 깨끗한 물과 영양소를 채워줄 음식, 배설을 도와줄 변기를 제외한 모든 재화는 사실상 사치재에 가깝다. 없어도 살 수 있지만 있으면 좋은 것들.
내 인생의 궁극적인 목표는 먼저 단단한 필수재로 삶의 바탕을 다진 뒤, 그다음에 '있으면 좋은 것'들을 경험하는 것이다. 그런데 필수재의 기준을 남에게 맞추다 보면 기본으로 갖춰야 할 게 너무 많게 느껴진다. 당장 유튜브 쇼츠나 인스타그램 릴스만 봐도 그렇다.

배낭 하나만 가볍게 들고 캠핑을 떠나볼까 생각이 들다가도, 캠핑 브랜드에서 출시한 텐트와 캠핑용품들, 캠핑에 쓰일 짐을 모두 다 실을 수 있는 중형 SUV 차량, 코스트코에서 산 대량의 식재료를 보관할 수 있는 큰 냉장고 따위가 줄줄이 필요해 보인다. 이 모양 이 꼴로 살고 있는 건 나뿐인 것 같다는 극단적인 생각까지 든다.

이렇게 쉽게 불행해질 때면 그것들이 나에게 정말 필요한지 스스로 묻는다. 너무도 갖고 싶은 키링, 사는 데 꼭 필요할까? 다른 타건음을 가진 키보드, 작가 생활에 반드시 필요할까? 헤밍웨이는 평생 몇 개의 키보드를 사용했을까? 위대한 작품 〈토지〉를 집필한 박경리 작가는 자필로 책을 완성하지 않았나?

이렇듯 내가 원하는 물건들이란 뜯어 먹을 수도, 불쏘시개로 쓸 수도 없다. 그렇다면 사치재의 영역인 셈이니, 통장 잔고가 부족하다고 울상 짓는 대신 더 열심히 산 후에 곧 사고 말겠다는 긍정적인 목표를 세워본다. 물론 이건 교훈도, 신념도 아닌 나 자신에게 읍소하는 몸부림에 가깝지만.

○

챗GPT에게 차를 사고 싶은데 현실적으로 고정비가 많이 들어 울적하다고 칭얼거렸더니 이런 답이 돌아왔다.

"지금은 '못 가지는 상태'가 아니라 '더 오래, 더 안정적으로 가질 준비를 하는 중'인 거야."

그러더니 촌철살인도 덧붙인다.

"네 가계부 숫자를 보고도 '그래도 차를 사고 싶어'라는 생각이 든다면, 그건 욕망이 아니라 소명에 가까운 거야. 하지만 그 정도가

아니라면 1년 정도의 안전 마진을 마련한 뒤에
사는 게 좋지."

 조금의 배고픔에도 과도한 식탐을 부려 1만
8천 원어치 마라탕을 먹다가 변기와 씨름하던
날은 모조리 잊고서, 나는 여전히 집게를 놓지
못한 채 더 넣을 게 없는지 서성이고 있었다.

 절제가 부족한 나는 나를 유혹하는 상품들
앞에서 평생토록 침을 흘리고 있을 테지만,
침을 닦는 표정이 예전만큼 침울하지만은 않다.
인공지능의 말처럼 나는 내가 원하는 걸 더
안정적으로 가질 준비를 하는 중이라 믿기로
했으니까. 정신 승리라고 해도 괜찮다. 어쨌거나
승리는 승리잖아. 날벼락도 락인 것처럼.

 나에게 가장 완벽한 조합이 뭔지 알고
싶다고? 내 인생을 무엇으로 채워야 할지
모르겠다고? 먼저 산 사람의 이야기에 너무 귀
기울일 것도 없고, 내면의 목소리에 너무 빠져
있을 것도 없이 그냥 찍어 먹어보자. 마라 소스

한소끔 넣고 팔팔 끓여보는 거다. 예상 밖의 재료에서 기대하지 못했던 맛이 나기도 하고, 믿었던 재료에서 장염이 유발될 수도 있다. 중요한 건 완벽한 조합을 찾을 때까지 최고의 마라탕을 향한 멈추지 않는 여정이리라.

밥상 앞에선 오늘의 슬픔을 잊을 수 있지
눈물 대신 라면

초판 1쇄 인쇄 2025년 11월 10일
초판 1쇄 발행 2025년 11월 19일

지은이 원도
펴낸이 이경희

펴낸곳 빅피시
출판등록 2021년 4월 6일 제2021-000115호
주소 서울시 마포구 월드컵북로 402, KGIT 19층 1906호

ⓒ 원도, 2025
ISBN 979-11-994917-4-8 03810

- 인쇄·제작 및 유통상의 파본 도서는 구입하신 서점에서 바꿔드립니다.
- 이 책의 전부 또는 일부 내용을 재사용하려면 반드시 사전에 저작권자와 빅피시의 서면 동의를 받아야 합니다.
- 빅피시는 여러분의 소중한 원고를 기다립니다. bigfish@thebigfish.kr